MEININGEN

DANA KERN/DORIS WEILANDT

WEITERE STADTFÜHRER AUS UNSERER REIHE

Bayreuth • Braunschweig • Celle • Erfurt • Flensburg • Goslar
Gotha • Göttingen • Halle (Saale) • Hameln • Hildesheim • Jena • Kiel
Magdeburg • Oldenburg • Osnabrück • Paderborn

mitteldeutscher verlag

Blick auf den Pulverrasen und die Stadt

HIGHLIGHTS **4–5**
Top-Tipps 4
Entdecker-Tipps 5

WILLKOMMEN IN MEININGEN **6**
VERANSTALTUNGSKALENDER **8**

THEMENSEITEN **10–17**
Theaterstadt Meiningen 10
Musenhof zwischen Weimar und Bayreuth 12
Der Märchen-Bestseller aus Meiningen 14
Aktiv in Stadt und Region 16

SEHENSWERTES **18–87**
Die Kulturmeile im Grünen 18
Vom Marktplatz zum Schloss Elisabethenburg 48
Ausflüge in Meiningen und die Umgebung 68

KLEINE STADTGESCHICHTE 88

GASTRONOMIE 93

EINKAUFEN 101

ÜBERNACHTUNG 105

KULTUR UND FREIZEIT 109

INFORMATIONS-ABC 114
REGISTER 116
ABBILDUNGSNACHWEIS 119

TOP-TIPPS

STAATSTHEATER MEININGEN

Das Meininger Theater zählt zu den traditionsreichsten Theatern Europas. Sein guter Ruf aus der Zeit der Gastspielreisen der Schauspieltruppe des Theaterherzogs hat nicht nur die Zeiten überdauert, er wird immer wieder neu begründet. S. 31

SCHLOSS ELISABETHENBURG

Als barocke Residenz der Herzöge von Sachsen-Meiningen errichtet, entwickelte sich hier einer der bedeutendsten Musenhöfe Deutschlands. Schlosskirche, Marmorsaal und die einstigen Wohnräume gehören zum Rundgang. S. 22

ZAUBERWELT DER KULISSE

Per Film werden die Besucher des Theatermuseums auf die Gastspielreisen der „Meininger" mitgenommen. Originale Bühnenbilder und Beleuchtung entführen in die faszinierende Theaterwelt des 19. Jh.s. S. 43

DAMPFLOKWERK

Das einzige Werk Deutschlands, das noch heute die Technik und das Wissen besitzt, Dampfloks zu reparieren. Dampflokfreunde aus vielen Ländern bringen ihre Maschinen deshalb nach Meiningen. S. 74

STÄDTISCHE GALERIE ADA

Modern, weltoffen und gleichzeitig Plattform für Künstler der Region – so präsentiert sich die „galerie ada". Malerei, Grafik, Skulptur, Plastik, Installation und mediale Kunst gehören zum vielfältigen Ausstellungsprogramm. S. 30

ENTDECKER-TIPPS

LITERATURMUSEUM BAUMBACHHAUS

Die Meininger Kulturgeschichte haben auch einige bekannte Dichter mitgeprägt. Die Spuren von Friedrich Schiller, Jean Paul und Rudolf Baumbach, der den Text des Liedes „Hoch auf dem gelben Wagen" schuf, finden sich hier. S. 47

ZWINGER 4

Der Kunstverein NEKST bringt in der Zwingergasse 4 künstlerisches Großstadtflair nach Meiningen. Selbst Markus Lüpertz hat sich schon für die Galerie interessiert, die neben der Kunst auch verschiedenste Veranstaltungen bietet. S. 112

KNEIPENVIERTEL AM BERMUDADREIECK

Wer mit dem Vorsatz aus der Kneipe geht, dass es für heute genug ist, unterliegt an der nächsten Ecke der Verführung, wieder einzukehren. Im Bermudadreieck besteht Gelegenheit, das Meininger Nachtleben kennenzulernen. S. 61

GOETZ-HÖHLE

Mit ihren bis zu 50 m hohen Klüften und Spalten sowie einer Tiefe von 500 m ist die Goetz-Höhle die größte begehbare Kluft- und Spalthöhle Europas. Mit Biergarten und urigem Berggasthaus. S. 72

KAROLINGISCHE HALLENKRYPTA ROHR

Die im 9. Jh. erbaute Michaeliskirche diente als Pfalzkapelle deutscher Könige und Kaiser. Die karolingische Hallenkrypta ist original erhalten. Im Kirchenmuseum wird die Geschichte von Kaiserin Theophanu erzählt. S. 75

WILLKOMMEN IN MEININGEN

Meiningen ist geprägt von der Atmosphäre einer ehemaligen Residenzstadt: traditionsbewusst, aber auch mit einem Hauch von Welt. Man grüßt nicht nur die Künstler des Theaters auf der Straße, sondern man weiß, wer von den Großen der Kulturgeschichte einmal Mitbürger oder Gast in der Stadt gewesen ist. Die Komponisten Brahms und Reger, die Dichter Schiller und Bechstein, die Sängerin Elīna Garanča und der Dirigent Kirill Petrenko – sie alle haben hier mehr oder weniger lange gelebt und gearbeitet. Den Beinamen Theaterstadt hat sich Meiningen im späten 19. Jh. erworben, als der kunstsinnige und selbst künstlerisch tätige Herzog Georg II. von Sachsen-Meiningen und seine Schauspieltruppe für etwa zwanzig Jahre zur Avantgarde des europäischen Theaters gehörten. Nirgendwo sonst lebt man so mit, durch und für sein Theater. Die herzogliche Familie war im 19. Jh. darauf bedacht, dass die Errungenschaften des technischen Fortschritts wie die Eisenbahn – Meiningen wurde 1858 an die Werrabahn angeschlossen – nicht an der Stadt vorbeigingen. Gleichzeitig sorgte man dafür, dass negative Begleiterscheinungen des Industriezeitalters wie qualmende Fabrikschlote die Silhouette der Residenzstadt nicht beeinträchtigten. Meiningen entwickelte sich zum Banken- und Verwaltungsstandort und als kulturelles Zentrum der Region. Das dem Historismus verpflichtete Stadtbild entstand weitestgehend im 19. Jh., als die Herzöge von Sachsen-Meiningen großzügig bauen ließen. Breite Alleen, repräsentative Gebäude und Landschaftsparks im Zentrum vermitteln das Bestreben nach Harmonie. Wo sonst betritt man, unmittelbar aus dem Bahnhof kommend, einen weitläufigen Park mit Wasserlandschaft und Blick zum Theater. Einzelne erhaltene Fachwerkhäuser verweisen auf den einstigen Wohlstand der Meininger Tuchmacher und Tuchverleger im 16. Jh. Trotz der für eine Kleinstadt ungewöhnlichen Weite hat alles menschliche Dimensionen – fast jede Sehenswürdigkeit ist zu Fuß erreichbar. Dennoch braucht es Muße, die reiche Kulturgeschichte in der Stadt, in den

Fenster im Turm der Stadtkirche

Museen und im Englischen Garten zu entdecken. Vor dem Besuch Meiningens lohnt sich ein Blick in den dichten Veranstaltungskalender. Oper, Operette, Schauspiel, Ballett und Puppentheater, Kleinkunstfestival, die Sommerkultur GRASGRÜN, Märchenfest, Konzerte von Klassik bis Rock, Poetry Slam, Kunstausstellungen, Thüringer Bachwochen, Weltmusik in der Stadtkirche – das sind nur einige der jährlich rund eintausend Events. Im Tal der Werra gelegen, umgeben von den Bergen des Thüringer Waldes und den „Offenen Fernen" der Rhön, ist die Stadt ein guter Ausgangspunkt für Ausflüge per Auto, per Rad, per pedes und in den Sommermonaten sogar mit dem Kanu. Der Wintersportort Oberhof mit seinen zahlreichen Angeboten und Deutschlands bekanntester Höhenwanderweg, der Rennsteig, liegen in der Nähe.

VERANSTALTUNGS-KALENDER

JANUAR/FEBRUAR

Bühnenball Ende Januar/Anfang Februar in geraden Jahren wird im Staatstheater Meiningen gefeiert und getanzt. Auch die Künstler des Ensembles mischen sich unters Partyvolk.

FEBRUAR

Saisoneröffnung im Theatermuseum Nach der Schließzeit im Januar wird mit der neuen Präsentation eines kompletten Bühnenbildes der „Meininger" die Saison festlich eröffnet. www.meiningermuseen.de

FEBRUAR/MÄRZ

Meininger Kleinkunsttage Drei Wochen lang Kleinkunst mit Verleihung des Thüringer Kleinkunstpreises. www. meininger-kleinkunsttage.de

MÄRZ/APRIL

Meininger Frühlingslese In lockerem zeitlichen Abstand werden Autoren eingeladen, deren Bücher soeben erschienen sind oder demnächst erscheinen werden.

Thüringer Bachwochen Die Thüringer Bachwochen gastieren alljährlich mit zwei Konzerten in Meiningen. www.thueringer-bachwochen.de

MAI

Internationaler Hans-von-Bülow-Wettbewerb Alle drei Jahre treffen sich Pianisten aus aller Welt zum Konzertwettbewerb.

Internationaler Museumstag Er wird immer an jenem Sonntag begangen, der dem 18. Mai am nächsten liegt. www.meiningermuseen.de

JUNI

Poetry Slam Aus ganz Deutschland kommt im Juni eine Auswahl der besten Slammer nach Meiningen.

Herzog-Georg-Nachtlauf und Meininger 24-Stunden-Schwimmen Zwei von vielen Bewegungsklassikern in Deutschlands aktivster Stadt, einen Titel den sich Meiningen 2012 erkämpfte.

BrahmsFest Meiningen-Altenstein Ab 2024 wird Brahms in Meiningen und Altenstein alle zwei Jahre zu Pfingsten gefeiert. Von Klavierabend bis Schnitzeljagd. Von Jugendkunst bis Kirchenkonzert. Für jeden Geschmack ist etwas dabei.

Thüringer Schlössertage Die Meininger Museen beteiligen sich mit einem ambitionierten Programm an den zu Pfingsten stattfindenden Schlössertagen. www.schloessertage.de

JUNI/JULI

Hütesfest Die Meininger feiern ihre Leibspeise alljährlich im Sommer mit dem Hütesfest, dem Thüringer Kloßfest, mit Shows und Livemusik und dem großen Kloßessen.

Hütesfest auf dem Marktplatz

Sommerfest des Theaters Alle zwei Jahre lädt das Staatstheater Meiningen zum großen Fest in den Englischen Garten mit Bühnenprogramm und Tanz.

JULI/AUGUST

Sommerkultur GRASGRÜN Zum Programm gehören Inszenierungen des Staatstheaters Meiningen, hochkarätige Konzerte zwischen Klassik, Weltmusik und Jazz sowie heiteres Sommertheater und Sommerkino im Schlosshof.

Meininger Orgelsommer Die Reger-Orgel in der Stadtkirche auf dem Marktplatz steht im Mittelpunkt der mittwochs stattfindenden Orgelkonzerte. www.meininger-orgelsommer.de

SEPTEMBER

Dampfloktage Immer am ersten Septemberwochenende zieht das Gelände des Dampflokwerkes tausende Besucher an. Die 100-jährige Werkstätte ist Eisenbahnromantik pur. www.dampflokwerk.de

OKTOBER

Meiningen leuchtet Immer am letzten Freitag im Oktober verwandelt sich die Stadt in ein Lichtermeer. Neben Illuminationen, Feuershows und leuchtenden Walking-Acts kann bei Kerzenschein eingekauft werden.

NOVEMBER/DEZEMBER

Märchen- und Sagenfest Erzählkünstler verzaubern das Publikum und Märchenmenüs in den Gaststätten erfreuen sich besonderer Beliebtheit. www.meiningen.de

DEZEMBER

Meininger Weihnachtszauber mit **Meiningen on Ice**, einer echten Eisbahn. Weihnachtsmarkt, beeindruckende Illumination in der Innenstadt und ein großer Adventskalender an der Bibliothek. Am zweiten Adventswochenende KunstHandwerkerMarkt im Marmorsaal von Schloss Elisabethenburg.

TIPP Die Homepage der Stadt: www.meiningen.de informiert langfristig und umfassend über das Jahreskulturprogramm. Tickets gibt es in der Tourist-Information (S. 115).

THEATERSTADT MEININGEN

Wenn man nach einem erfüllten Theaterabend am nächsten Morgen beim Bäcker in Meiningen Brötchen kauft, ist es durchaus möglich, dass man einem zukünftigen Schauspiel- oder Opernstar begegnet. Künstler, deren Namen heute weltbekannt sind, wie der Dirigent Kirill Petrenko und die Mezzosopranistin Elīna Garanča haben ihre Karriere am **Staatstheater Meiningen** (S. 31) begonnen. In der Stadt, die nicht ohne Grund den Beinamen Theaterstadt trägt, ist noch immer die neueste Inszenierung Stadtgespräch. Georg II., begnadeter Zeichner und Theaterverrückter, übernahm 1866 nach der Abdankung seines Vaters mit vierzig Jahren die Regentschaft im kleinen Herzogtum Sachsen-Meiningen und damit auch im Hoftheater. 1873 heiratete er die Schauspielerin Ellen Franz. Gemeinsam mit ihr und der Schauspieltruppe schuf er historisierende Inszenierungen mit humanistischer Botschaft. Intensive

Proben, frühzeitig im originalen Bühnenbild und Kostüm, halfen den Schauspielern, den historisch richtigen Gestus für ihre Rolle zu finden. Die illusionistischen Bühnenbilder nach seinen Entwürfen waren von einer damals nicht gekannten visuellen Ausdruckskraft. Von 1874 bis 1890 gingen die „Meininger" in ganz Europa – von London bis Odessa und von Stockholm bis Triest – auf Gastspielreisen und haben mit ihren Musterinszenierungen die europäische Theatergeschichte nachhaltig beeinflusst. Die britische Royal Shakespeare Company wurde nach dem Vorbild der „Meininger" gegründet und sogar Bertolt Brecht kam nicht umhin, sich mit dem Phänomen auseinanderzusetzen. „In Meiningen ist das moderne Regietheater entstanden", konstatierte der Theaterwissenschaftler Richard Schechner von der New York University, der damit der Meininger Theaterreform einen bedeutenden Platz in der Geschichte des Theaters zuwies. Um ein Gesamtkunstwerk zu schaffen, wurde Regie als Werkzeug zur Umsetzung eines dramatischen Konzeptes verstanden. Georg II. von Sachsen-Meiningen

Theatermuseum, Kulisse

befand sich damit im letzten Drittel des 19. Jh.s an der Spitze der Theateravantgarde und in enger geistig-künstlerischer Verwandtschaft zu Richard Wagner. Das wie ein Bühnenraum konzipierte **Theatermuseum** (S. 43) eröffnet in seinen Präsentationen mit Film und originaler Bühnendekoration unterhaltsame Einblicke in die Meininger Theatergeschichte. Berliner Theatergrößen wie Max Reinhardt und Helene Weigel haben im 20. Jh. die besten Kräfte der Meininger Schauspieltruppe für ihre Ensembles abgeworben. Die spektakuläre Inszenierung des „Ring des Nibelungen" (2001) von Christine Mielitz in der Ausstattung des Bildhauers Alfred Hrdlicka wurde von der Weltpresse begrüßt und brachte die internationale Wagner-Gemeinde in Wallung.
Kein Wunder also, dass scherzhaft von Meiningen als „Theater mit Stadt" gesprochen wird.

MUSENHOF ZWISCHEN WEIMAR UND BAYREUTH

Die Aufzählung der Namen großer Künstler wie Johann Sebastian Bach, Friedrich Schiller, Jean Paul, Franz Liszt, Hans von Bülow und Richard Wagner markiert nur unvollständig die Verbindungen von Meiningen mit Weimar und Bayreuth. Im späten 19. Jh. gehörten diese Städte zu den Zentren der geistig-kulturellen Entwicklung in Deutschland.

Schloss Elisabethenburg (S. 22) war fast 250 Jahre Sitz der Herzöge von Sachsen-Meiningen und einer jener Musenhöfe, die dank der deutschen Kleinstaaterei Erstaunliches auf diesem Gebiet hervorbrachten. Durch Aufführungen im Großen Sächsischen Saal verliehen bereits im Barock die Musiker Johann Caspar Schürmann und Johann Ludwig Bach dem Opernleben in Deutschland neue Impulse. Aus jener Zeit stammt die ab 1720 von Herzog Anton Ulrich zusammengetragene Notensammlung der **Meininger Museen** (S. 22, 43, 47). Es ist die weltweit umfangreichste Sammlung barocker Vokalmusik, die die „Schlager“ der Wiener Hofmusik aus den Bereichen Oper, Oratorium, Kantate und Serenade umfasst.

Zeitgenössische Karikatur Hans von Bülow

Mehrere Generationen später wurde Georg II. von Sachsen-Meiningen (1826–1914) zum Anreger, Unterstützer und Erneuerer für Theater und Musik. Er betätigte sich nicht nur als Mäzen. Auch als Künstler konnte er mit Schauspielern, Dichtern und Musikern auf Augenhöhe agieren. Mit der Berufung von Hans von Bülow als Dirigent der Meininger Hofkapelle entwickelte sich das Orchester in nur fünf Jahren, von 1880 bis 1885, zu einem gefragten Eliteensemble. Vor dem Bühneneingang des **Staatstheaters Meiningen** (S. 31) erinnert das **Hans-von-Bülow-Denkmal** (S. 31) an die Leistungen des Musikers und späteren Chefdirigenten der Berliner Philharmoniker.

Herzog Georg II. in Meiningen und Richard Wagner in Bayreuth waren etwa zur gleichen Zeit in Schauspiel und Oper mit einem ähnlichen künstlerischen Konzept innovativ. Beide wollten ihre Vorstellung von einem durch einheitliche Stilistik geprägten Gesamtkunstwerk auf der Bühne umsetzen. Wagner und der Herzog konkurrierten dabei auch als Auftraggeber für Bühnendekorationen um eine Werkstatt miteinander – bei Max und Gotthold Brückner in Coburg. Gleichzeitig gab es eine große Unterstützung seitens des Meininger Herzogs für Bayreuth. Er stellte dem Künstlerkollegen Musiker der Hofkapelle für die ersten Festspiele zur Verfügung. 1876 saßen 26 Meininger Hofkapelllisten im „mystischen Abgrund“, dem weltweit tiefsten Orchestergraben. Damit waren sie an der Geburt der Bayreuther Festspiele entscheidend beteiligt.

Bereits zu Beginn des 19. Jh.s fühlte sich Georg I., der Großvater des Theaterherzogs, der Kunst verbunden. Er spielte selbst Theater und versuchte, Dichter an die Stadt zu binden. Mit Jean Paul gelang ihm das wenigstens für kurze Zeit.

DER MÄRCHEN-BEST-SELLER AUS MEININGEN

Ludwig Bechstein hat sich in der Mitte des 19. Jh.s mit 70.000 verkauften Exemplaren seines „Deutschen Märchenbuchs“ zum Bestsellerautor emporgeschrieben. Mit den Illustrationen von Ludwig Richter, der damals einer der bekanntesten Grafiker war, erreichten die Bücher ein breites Publikum. Bechstein war zu dieser Zeit weitaus bekannter als die Brüder Grimm. In den Märchen sah er eine ursprüngliche Quelle der Volkspoesie. Gleichzeitig schrieb er ihnen einen moralischen und erzieherischen Wert zu. „Aschenbrödel“, „Der kleine Däumling“, „Der Richter und der Teufel“, „Der Gevatter Tod“ oder „Der Müller und die Nixe“ erzählen vom Hang zum Wunderbaren, von Liebe und Schönheit, Wahrheit und Mut. Die Wirkung ist nicht nur auf Kinder außerordentlich. Vielleicht kommt man den Intentionen Bechsteins bei einer Märchenveranstaltung wirklich am nächsten. Das seit 2001 jeweils in den Monaten Oktober bis Dezember und Mai stattfindende **Märchen- und Sagenfest** (S. 9) gibt ausreichend Gelegenheit dazu.

Fast fünfzig Jahre seines Lebens war Ludwig Bechstein (1801–1860) in Meiningen beheimatet. Nach einem Studium der Philosophie, Literatur und Geschichte, für das ihm Herzog Bernhard II. ein Stipendium gewährte, arbeitete er als Archivar und Bibliothekar der Herzoglich-Öffentlichen Bibliothek. Dem Zeitgeist des Historismus entsprechend, interessierte und engagierte sich Bechstein nicht nur für Märchen und Sagen, sondern auch für regionale Geschichte. 1832 gründete er den Hennebergisch-altertumsforschenden Verein, der bis heute Bestand hat. Ein Teil der Sammlungen des Vereins, beispielsweise die Sammlung der Schimpf-, Straf- und Folterinstrumente aus dem 17. und 18. Jh., wird in **Schloss Elisabethenburg** (S. 22) gezeigt. Bechstein war ein äußerst produktiver Schriftsteller, der mit Dutzenden Verlegern zusammenarbeitete. Novellen, historische Erzählungen und Romane wie „Der Dunkelgraf", Berichte über seine Reisen durch Deutschland

Märchenerzähler Andreas vom Rothenbarth

und Europa, kunstgeschichtliche und archäologische Abhandlungen, sogar Opernlibretti gehörten zu seinem vielseitigen Repertoire. Mit dem „Deutschen Sagenbuch" legte er keine zehn Jahre nach dem „Deutschen Märchenbuch" 1853 erneut eine Sammlung von Volkspoesie vor. Über 2.000 Sagen trug er für dieses Werk zusammen. Auch wenn das Buch nicht an den kommerziellen Erfolg der Märchen heranreichte, waren sie für ihn von größtem Wert: „Ich weiß, dass ich mit den Sagensammlungen etwas anstrebe, das die Nachwelt mir danken wird." Der **Bechstein- oder Märchenbrunnen im Englischen Garten** (S. 36) erinnert an den Dichter und Historiker, der bis kurz vor seinem Tod als Direktor des Hennebergisch-altertumsforschenden Vereins tätig war. Über sein Leben informiert die Ausstellung im **Literaturmuseum Baumbachhaus** (S. 47). Bechsteins Grab befindet sich auf dem Meininger **Parkfriedhof** (S. 37).

AKTIV IN STADT UND REGION

Wandern, Radwandern, Wasserwandern und Baden – neben den kulturhistorischen Sehenswürdigkeiten und dem harmonischen Stadtbild empfiehlt sich Meiningen durch seine naturräumliche Lage zwischen Thüringer Wald und Rhön für eine Reise mit Erholungspotenzial. In nur zwanzig Autominuten trifft man auf den bekanntesten Höhenwanderweg Deutschlands, den „Rennsteig", der sich im Winter mit 168 Kilometern in die längste zusammenhängende Loipe der Welt verwandelt. Der Wintersportort **Oberhof** (S. 87) hält ganzjährig eine Vielzahl von Angeboten zur aktiven Erholung mit Spaßfaktor für Jugendliche, Familien, Sportler und Wanderer bereit. Als Wanderausgangspunkte für Wandertouren im Thüringer Wald sind von Meiningen aus die Parkplätze Rondell und Grenzadler (A 71 Abfahrt Oberhof) und der Parkplatz Großer Inselsberg (B 19 Richtung Eisenach Durchfahrt Schmalkalden, Richtung Brotterode) zu empfehlen (www.thüringer-wald.com).

Die Rhön gilt ob ihrer seltenen Pflanzenwelt mit vielen Orchideen als Geheimtipp unter Naturfreunden. Wegen der ausgesprochen weiten Fernsicht von ihren Gipfeln ist sie auch als „Land der offenen Fernen“ beliebt. Der Premiumwanderweg „Der Hochrhöner“ und seine 20 Extratouren eröffnen zahlreiche Möglichkeiten, in diesem Wanderparadies die Landschaft zu erkunden. Von Meiningen aus empfiehlt sich ein Besuch des Ibengartens bei Dermbach, einem historischen Eibenwald mit 500 Jahre alten Bäumen. In Sichtweite der Stadt liegen die Bergkuppen **Hohe Geba** (S. 81) und **Dolmar** (S. 80). Von Meiningens zentralem Wanderausgangspunkt am Schlossplatz lässt sich der Einstieg in zahlreiche regionale Wanderwege und in Fernwanderwege, wie den Keltenerlebnisweg und den Werra-Burgen-Steig, finden. Hier beginnt auch der mit einem roten „M“ gekennzeichnete Rundwanderweg „Der Meininger“. Der Aufstieg bietet sich für eine abwechslungsreiche Tageswanderung rund um das Hochplateau südlich der Stadt an. Wer die

Goetz-Höhle Meiningen

Tour in Richtung **Schloss Landsberg** (S. 72) beginnt, erreicht am Ende die Goetz-Höhle.

Als Geheimtipp gilt der Werratalradweg, der von den beiden Quellen der Werra im Thüringer Schiefergebirge über 300 Kilometer bis zum Zusammenfluss von Werra und Fulda führt. Auf einem Tagesausflug von Hildburghausen nach Meiningen kann man die alte Kulturlandschaft hautnah erleben. Eingebettet in unberührte Natur und ursprünglich erhaltene Dörfer findet sich das Prämonstratenser-Chorherrenstift Kloster Veßra aus dem 12. Jh., die Osterburg-Ruine bei Henfstädt, die Kirchenburgen von Leutersdorf und Vachdorf sowie Schloss Belrieth. Auch vom Wasser aus lässt sich die landschaftliche Vielfalt erleben. Ab Themar ist die Werra befahrbar, ab Meiningen werden Zweierkajaks eingesetzt. Beim beschaulichen Paddeln ergeben sich ganz andere Eindrücke von dem vielfältigen Landschaftsraum, der sich an beiden Ufern eröffnet.

DIE KULTURMEILE IM GRÜNEN

Vom kulturellen Gedächtnis der Stadt, den Meininger Museen in Schloss Elisabethenburg, führt ein romantischer Fußweg durch den Schlosspark zum Staatstheater Meiningen, den Kammerspielen und der „Städtischen galerie ada". Der angrenzende Englische Garten ist mit seinen zahlreichen Denkmälern ein Parcours der Meininger Kulturgeschichte, in die man beim Spaziergang einen unkomplizierten Einstieg findet. In diesem nördlichen Teil der Stadt mit seinen repräsentativen Bauten ist spürbar, dass er als großzügige Stadtlandschaft geplant wurde. In der Innenstadt erzählen das Theatermuseum „Zauberwelt der Kulisse" und das Literaturmuseum „Baumbachhaus" von großen Komponisten und Dichtern, die Galerie NEKST vom Schaffen bildender Künstler der Gegenwart.

siehe große Karte S. 20/21

SEHENSWERTES

Schloss Elisabethenburg, Meininger Museen Barock, Klassizismus und Historismus: Hier haben die Herzöge von Sachsen-Meiningen gelebt und regiert. S. 22 1

Englischer Garten Who's who der Meininger Kulturgeschichte: Im Englischen Garten erzählen Denkmale von großen Tagen. S. 34 10

Theatermuseum Präsentation einer historischen Bühnendekoration der berühmten Theatergruppe des 19. Jh.s. S. 42 22

GASTRONOMIE

Restaurant Henneberger Haus Die altdeutsche Gaststube im historischen Haus ist für gemütliche Atmosphäre und den Biergarten am Wasser bekannt. S. 94 4

Museumscafé Hoch oben und fürstlich im barocken Hessensaal von Schloss Elisabethenburg Tee oder Kaffee genießen. S. 98 24

EINKAUFEN

Däumeling und Däumelinchen Freundliches Secondhand-Geschäft mit ausgesuchtem Kindermode-Sortiment zum Stöbern. S. 101 4

Haus der Geschenke Es ist wahrscheinlich das älteste Geschäft in Meiningen: Seit über 170 Jahren gibt es den Geschenkeladen in der Georgstraße. S. 102 7

ÜBERNACHTUNG

Hotel Sächsischer Hof Im ersten Haus am Platz haben schon zahlreiche Berühmtheiten aus Politik, Adel und Kultur Quartier bezogen. S. 105 1

Ferienwohnung in der Druckerei Die außergewöhnliche Bleibe ist mit viel Liebe eingerichtet. S. 106 11

KULTUR UND FREIZEIT

Staatstheater Meiningen Auf dem Spielplan stehen Oper, Operette, Musical, Schauspiel, Konzerte der Hofkapelle, Ballett und Puppentheater, Junges Theater und Junge Musik. S. 111 6

Zwinger 4 Der moderne Galerieraum des Kunstvereins NEKST bietet regionalen und überregionalen Künstlern und Künstlerinnen große Wirkung auf kleiner Fläche. S. 112 9

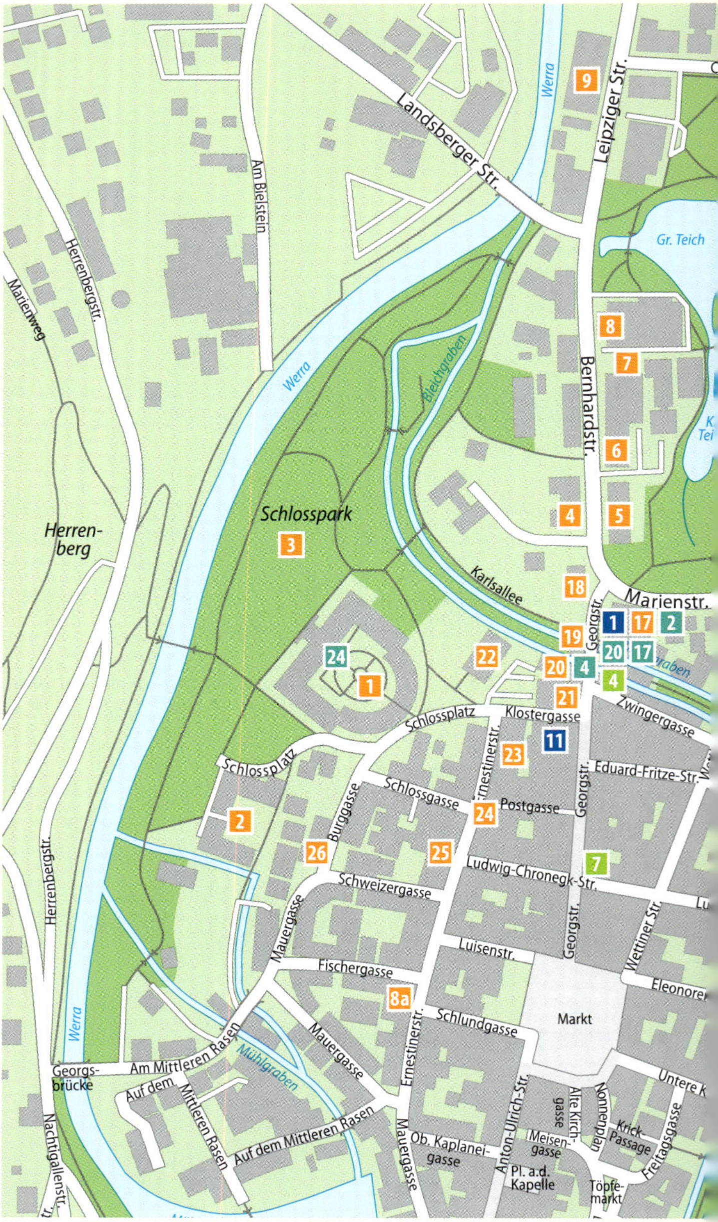
Landsberger Str.
Leipziger Str.
Werra
Am Bielstein
Herrenbergstr.
Marienweg
Gr. Teich
Bleichgraben
Bernhardstr.
Schlosspark
Herren-
berg
Karlsallee
Marienstr.
Georgstr.
Schlossplatz
Klostergasse
Zwingergasse
Ernestinerstr.
Eduard-Fritze-Str.
Schlossgasse
Burggasse
Postgasse
Ludwig-Chronegk-Str.
Schweizergasse
Mauergasse
Wettiner Str.
Luisenstr.
Fischergasse
Eleonoren
Markt
Schlundgasse
Mühlgraben
Am Mittleren Rasen
Georgs-
brücke
Auf dem
Mittleren Rasen
Auf dem Mittleren Rasen
Untere K
Nachtigallenstr.
Ob. Kaplanei-
gasse
Anton-Ulrich-Str.
Alte Kirch-
gasse
Nonnenplan
Krick-
Passage
Freitagsgasse
Meisen-
gasse
Pl. a.d.
Kapelle
Töpfe-
markt
1
2
3
4
5
6
7
8
8a
9
11
17
18
19
20
21
22
23
24
25
26

SEHENSWERTES

1 Schloss Elisabethenburg S. 22
2 Marstall S. 26
3 Schlosspark S. 27
4 Strupp'sche Villa S. 28
5 Großes Palais S. 29
6 Städtische galerie ada S. 30
7 Hans-von-Bülow-Denkmal S. 31
8 Staatstheater Meiningen S. 31
8a Bühne Junges Staatstheater S. 31
9 Rhön-Rennsteig-Sparkasse S. 33
10 Englischer Garten S. 34
11 Max-Reger-Denkmal S. 35
12 Jean-Paul-Denkmal S. 35
13 Johannes-Brahms-Denkmal S. 35
14 Bechsteinbrunnen S. 36
15 Herzögliche Gruftkapelle S. 37
16 Schwanenbrunnen S. 39
17 Hotel Sächsischer Hof S. 39
18 Kleines Palais S. 39
19 Gänsemännchenbrunnen S. 40
20 Henneberger Haus S. 41
21 Ehemaliges Gymnasium Bernhardinum/VHS S. 42
22 Theatermuseum S. 43
23 Ernestiner Hof mit Kavaliershaus S. 44
24 Bürgerhaus Ernestinerstraße 13 S. 45
25 Alte Posthalterei S. 46
26 Literaturmuseum Baumbachhaus S. 47

GASTRONOMIE

2 Kutscherstube im Sächsischen Hof S. 93
4 Restaurant Henneberger Haus S. 94
17 Restaurant Posthalterei im Sächsischen Hof S. 96
20 Café im Sächser S. 97
24 Museumscafé S. 98

EINKAUFEN

4 Däumeling und Däumelinchen S. 101
7 Haus der Geschenke S. 102

ÜBERNACHTUNG

1 Hotel Sächsischer Hof S. 105
11 Ferienwohnung in der Druckerei S. 106

1 SCHLOSS ELISABETHENBURG S. 20

TOP-TIPP

Durchschreitet man das Tor des Rundbaus, öffnet sich der Blick auf eine barocke Schlossanlage mit drei Flügeln und hervorspringendem Mittelrisalit. Der schlichte und dennoch imposante Bau entstand von 1682 bis 1692 an der Stelle einer ehemaligen Burg des Bistums Würzburg. Von dieser Anlage ist nur der nördliche Flügel erhalten. Nach dem Würzburger Bischof Lorenz von Bibra, der in den Jahren 1509–1511 diese vormalige Burg im Renaissancestil erbauen ließ, heißt dieser Teil des Ensembles „Bibrabau". Schloss Elisabethenburg wurde von Bernhard I. als Residenz der Herzöge von Sachsen-Meiningen errichtet und bis 1920 von der herzoglichen Familie bewohnt. Die einstigen Wohnräume spiegeln den jeweiligen Zeitgeschmack ihrer Bewohner wieder, Barock- und Rokoko-Dekorationen haben sich ebenso erhalten wie die des Klassizismus und der Neorenaissance. Eine klare Raumkonzeption über alle Geschosse erlaubt ungehinderte Durchblicke.

Zu den Höhepunkten zählt der Marmorsaal, der 1907 seine heutige Gestalt erhielt. Korinthische Pilaster an den Wänden und Säulen aus Stuckmarmor gliedern die Wände. Die helle Farbgebung, große Spiegel und die mit Neoempirestuck verzierte Decke verleihen diesem Raum seinen festlichen Glanz. Das dort ausgestellte Ensemble plastischer Werke – wie die Porträtbüste Johannes Brahms, die lebensgroße Figur des „Marsyas" sowie eine Bronzebüste Herzog Georgs II. schuf Adolf von Hildebrand. Sehenswert ist die in den Südflügel des Schlosses eingepasste barocke Schlosskirche „Zur Heiligen Dreifaltigkeit". Der zweigeschossige Bau entspricht dem sogenannten sächsischen Typ einer längs gerichteten Kapelle. Kanzel und Chorschranken stammen von Hofbildhauer Johann Michael Ehinger, der Deckenstuck von Samuel und Johann Peter Rust aus dem späten 17. Jh. Die Schlosskirche wird seit ihrem Umbau 1980–82 als Konzertsaal genutzt. Im Dachgeschoss des Treppenturms von Schloss Elisabethenburg befindet sich der mit üppigen barocken Stuckdekorationen ausgestattete Hessensaal. Das liebevoll geführte Café macht den Besuch dieses kleinen Festsaals ebenso zum Erlebnis wie der Blick über die Dächer der Stadt. Der Marmorbrunnen im Schlosshof wurde im frühen 20. Jh. einem italienischen Vorbild aus Mantua nachempfunden. Er ist ein Geschenk von Herzogin Charlotte, der Schwester des deutschen Kaisers Wilhelm II., an ihren Mann Bernhard III. von Sachsen-Meiningen. Im baulichen Ensemble von Schloss Elisabethenburg sind heute neben den Meininger Museen

► Innenhof Schloss Elisabethenburg

MUSEUM

die Stadtverwaltung, das Thüringische Staatsarchiv Meiningen und das Restaurant „Schloss-Stuben" (S. 94) untergebracht.

Museum Bei einem Museumsbesuch ist der Blick von der Empore (Rundgang I. Etage) in die 1692 eingeweihte Schlosskirche von Schloss Elisabethenburg zu empfehlen. Der Besucher wird mit Musik von Johann Ludwig Bach empfangen. Der ältere Vetter Johann Sebastian Bachs war von 1711 bis 1731 Meininger Hofkapellmeister. Nur wenig ist von seinem kompositorischen Werk überliefert, darunter 18 Kantaten, die erhalten geblieben sind, weil Johann Sebastian Bach sie abgeschrieben hat. Gut zu sehen ist von diesem Standpunkt die Kanzel, ein besonders wertvolles Ausstattungsstück von Johann Michael Ehinger. Den Fuß bildet ein lebensgroßer Engel mit Palmzweig. Auf dem Schalldeckel erscheint Christus mit der Siegesfahne, auf einer Weltkugel stehend. Das ikonografische Programm – Christus als Weltenherrscher triumphiert über das Böse – wählten die Meininger Herzöge zur Darstellung der eigenen Rechtschaffenheit. Lebensgroße Porträts Meininger Herzöge schmücken die Südwand der Schlosskirche.

Schloss Elisabethenburg bietet die authentische Kulisse für temporäre Ausstellungen, die mehrfach im Jahr wechseln. Zu den ständigen Expositionen gehört neben vielen weiteren Gemälden die sehenswerte Kollektion italienischer, niederländischer und deutscher Malerei, die von der kundigen Sammeltätigkeit der fürstlichen Familie im 17. und 18. Jahrhundert zeugt. Gemälde von Ferdinand Bol, Jacob de Backer, Gerard Houckgeest, Giovanni Antonio Pellegrini, Bernardo Strozzi oder Friedrich Bury verweisen auf den internationalen Rang, den der Hof auch in Bezug auf seinen Kunstgeschmack anstrebte. Die Sammlung mittelalterlicher Kunst mit Altären, Schnitzplastik, Malerei und Kunsthandwerk stammt aus dem Fundus des von Ludwig Bechstein begründeten Hennebergischen

◀ Herzogliches Wohn- und Arbeitszimmer Schloss Elisabethenburg

TIPP Das Meininger Schloss ist ein Spiegelbild höfischer Kultur in verschiedenen Epochen. In der mittleren Etage lockt eine Abfolge historischer Raumsituationen des Barock, Klassizismus und Historismus, darunter auch die Zimmer von Prinzessin Adelheid, die als Queen Adelaide an der Seite ihres Gatten William IV. den englischen Königsthron bestieg. Allein die prachtvolle Ausstattung von Wohn-, Schlaf- und Repräsentationszimmern lohnt den Besuch der insgesamt 50 Räume umfassenden Gesamtexposition. In der oberen Etage wird in Ausstellungen die Musik- und Theatergeschichte des Herzogtums erzählt.

Marstall

altertumsforschenden Vereins in Meiningen. Inmitten der Raumfolge können sich Kinder in der „Spielwelt Schloss“ in das Leben von Rittern, Fürsten und Prinzessinnen hineinversetzen und das Regieren probieren.

Schlossplatz 1 • Tel: 03693 881010 • Apr.–Sept. Di.–So. 10–18 Uhr • Okt.–März Di.–So. 11–17 Uhr • Museumsbibliothek: Fr. 10–16.30 Uhr und nach Anmeldung (Tel: 03693 471290) • Museumscafé: Mo./Fr. Ruhetag • siehe auch S. 97 •

2 MARSTALL S. 20

Der Gebäudekomplex des Herzoglichen Marstalls ist im Stil des Historismus, vor allem der englischen Neogotik mit überspitzten Zwerchgiebeln und Kaminen an den Giebeln erbaut. Kein Geringerer als der preußische Hofbaumeister Friedrich August Stüler zeichnet für das Ensemble, das von 1854 bis 1858 errichtet wurde, verantwortlich. Wie für den Zweck eines Pferdestalls erforderlich, sind die meisten Bauten eingeschossig und lediglich mit einem Kniestock erhöht. Ein Teil des Nordflügels besteht aus einem zweigeschossigen Wohnhaus für die Bediensteten. Ein steinernes Relief des Hofbildhauers Ferdinand Müller mit dem Titel „Reiterszene“ erinnert an die ursprüngliche Bestimmung. Auch heute wird ein Teil des Marstalls noch als Pferdestall vom gleichnamigen Reitverein genutzt. Ein Gebäude im Osten dient nach einem Umbau dem Meininger Stadtparlament als Sitzungssaal.

Schlossplatz 5

3 SCHLOSSPARK S. 20

In einem eleganten Bogen, der an beiden Seiten leicht ausschwingt, spannt sich die Bogenbrücke über die Werra. Das Bauwerk mit einem filigranen Metallgeländer macht den Gestaltungswillen deutlich, der über Jahrhunderte das heutige Bild des Schlossparkes geformt hat. Die Eisenfachwerkbrücke für Fußgänger entstand 1882/83, 1992 wurde sie restauriert und teilweise erneuert. Doch lange vor ihrer Errichtung diente das Gelände westlich des Schlosses als herrschaftlicher Park. Der zwischen 1692 und 1705 angelegte und, wie auch das Schloss, von einem Wassergraben umgebene Barockgarten war vermutlich niederländischen Kanalgärten nachempfunden. Mit dem Einzug der Ideen der Aufklärung und der Kenntnis englischer Landschaftsgärten setzten sich auch in Meiningen naturnahe Vorstellungen durch. Nach der Umgestaltung des Schlossparks 1783/84 zu einem Landschaftspark verlor das Herzogshaus aufgrund der durch Werra und Herrenberg begrenzten Fläche das Interesse an diesem Areal. Noch im 18. Jh. begann die Anlage des großzügigen Englischen Gartens (S. 34) vor den Toren der Stadt, der ab 1859 nach Süden erweitert wurde. Die Planung übernahm kein Geringerer als der Generaldirektor der Königlichen Gärten Potsdam, Peter Joseph Lenné. In den 1970er-Jahren sind mehrere Plastiken von namhaften Bildhauern im Schlosspark aufgestellt worden: die Bronzeplastik „Mutter und Kind" von Gerhard Rommel (1971), ebenfalls aus Bronze „Liegender Frauenakt" von Werner Stötzer (1971) und „Taubenstele"

Bogenbrücke im Schlosspark

von Erich Wurzer (1972). Die Doppelskulptur „Stone Natur/Stone free“ von David Campbell, bestehend aus einem unbehauenen Basaltblock und einem bearbeiteten Marmorstein, ist mit Bezug auf Schillers großes Thema „Freiheit“ anlässlich des Schiller-Jubiläums 2005 aufgestellt worden. Der nördliche Teil des Schlossparks mit der Insel wurde 1888 überplant und mit Wegen, Bänken und einer Brücke über den Bleichgraben neu gestaltet. Der Weg zur Bernhardstraße führt über die grüne Brücke unweit des Theatermuseums. Zu den ältesten erhaltenen Anpflanzungen gehört die Karlsallee, die am „Sächsischen Hof“ (S. 39) beginnt. Nach Westen verbindet die Bogenbrücke den Schlosspark mit dem Waldpark Herrenberg. Wanderer und Radfahrer gelangen hier zum Premiumwanderweg „Der Meininger“ (S. 17) zum „Schiller-Wanderweg“ (S. 75) und zum Werratalradweg (S. 17).

Schlosspark •

4 STRUPP'SCHE VILLA S. 20

Gustav Strupp, Sohn einer wohlhabenden jüdischen Familie in Dreißigacker (heute Stadtteil von Meiningen), erlangte als Bankier beträchtlichen Reichtum. Der wirtschaftliche Erfolg zog den gesellschaftlichen nach sich. Strupp war Mitglied im Meininger Gemeinderat und im Sachsen-Meiningischen Landtag. Nach der Umwandlung des väterlichen Bankhauses in die Aktiengesellschaft „Bank für Thüringen“ 1905 arbeitete er als de-

EINE PIKANTE DREIECKSGESCHICHTE

Der Starpianist und Dirigent Hans von Bülow heiratete 1857 Cosima, die Tochter Franz Liszts. Wie diese Frau liebte Bülow aber auch die Musik Richard Wagners über alle Maßen. Seine Verehrung für Wagner und dessen Kunst ging so weit, dass er seine eigenen Kompositionen gering schätzte und meinte, gar nichts zustande zu bringen. Was für ein Schock muss es für den sensiblen Musiker gewesen sein, als er erfuhr, dass seine Frau mit eben jenem hochverehrten Komponisten ein Verhältnis hat. 1870 wurde die Ehe geschieden. Richard Wagner und Cosima heirateten noch im selben Jahr.

Neben den nicht gerade unkomplizierten privaten Beziehungen zwischen diesen Musikern – Franz Liszt, Hans von Bülow, Richard Wagner – gab es damals ein unglaublich produktives, aber auch kontrovers ausgetragenes Ringen um die Erneuerung der klassischen Musik. Die sogenannten „Neudeutschen“ sahen die Zukunft der Musik vor allem in programmatisch und thematisch inspirierten Kompositionen. Die Gegner, die Vertreter der absoluten Musik um Johannes Brahms, hielten jede Programmatik für überflüssig. Man kann sich gut vorstellen, dass darüber nicht nur beim Galadiner im Meininger Schloss diskutiert wurde, mit Bülow und vor allem, wenn Brahms oder Wagner zu Gast waren.

Großes Palais

ren Aufsichtsratsvorsitzender. Das neue Bankgebäude errichtete Karl Behlert in der Leipziger Straße. Im Jahr 1909 verpflichtete er den gleichen Architekten zum Bau eines repräsentativen Wohnhauses in der Bernhardstraße. Nachkommen der Familie Strupp brachten das Grundstück in die 2015 von ihnen errichtete B.M. Strupp-Stiftung ein. Das Gebäude beherbergt heute das Max-Reger-Konservatorium, den B.M. Strupp Lern- und Gedenkort – Jüdische Geschichte und Antisemitismus mit Dauerausstellung sowie Teile der Volkshochschule.

Berhardstraße 4 • Do. 16–18 Uhr

5 GROSSES PALAIS S. 20

Das Große Palais wurde im Zuge der Bebauung der Nordstadt 1821–1823 als Witwensitz für Herzogin Luise Eleonore (1763–1837) errichtet. Daher kommt auch die Bezeichnung „Wittumspalais“. Nur vierzig Jahre nach seiner Fertigstellung erfuhr das ehemals klassizistische Bauwerk eine komplette Neorenaissanceüberformung, die sich bis heute erhalten hat. Zur Straßenseite prägt ein Mittelrisalit mit Säulen und Balkon die repräsentative Eingangssituation. Bis 1888 diente das Gebäude Herzog Bernhard II. nach dessen erzwungener Abdankung als Residenz. 1890 nahm Herzog Bernhard III. dort seinen Wohnsitz. Auch nach der Fürstenenteignung blieb die herzogliche Familie bis 1945 im Besitz der herrschaftlichen Immobilie. Heute fungiert das Gebäude nach umfangreicher Sanierung als Medizinisches Zentrum. Es lohnt sich, einen Blick in das Innere des Hauses zu werfen. Vom Foyer führt eine geschwungene doppelläufige Treppenanlage in das mit Pi-

Städtische galerie ada

lastern, Karyatiden und Hermen geschmückte erste Obergeschoss.
Bernhardstraße 1

6 STÄDTISCHE GALERIE ADA S. 20

TOP-TIPP

Im Zuge der nördlichen Stadterweiterung erbaute die jüdische Händlerschaft im 19. Jh. ein „Kauf- und Gewerbshaus" im klassizistischen Stil. Heute befinden sich hier die Kammerspiele und die „Städtische galerie ada". Das Gebäude gehört zu den zahlreichen repräsentativen Bauwerken, die der Meininger Bernhardstraße ihren Boulevardcharakter verleihen. Beim spektakulären Umbau des Nordflügels zu den Kammerspielen in den Jahren 2006–2008 wurde nur die Fassade des Hauses erhalten und entsprechend gesichert. Dahinter entstand unter Verwendung einzelner historischer Bauteile wie den eisernen Säulen ein komplett neues Gebäude. 2007 zog die Galerie, die sich mit Ausstellungen zeitgenössischer Kunst thüringenweit einen Namen gemacht hat, in den Südflügel des Hauses ein. Im gemeinsamen Foyer befinden sich die Theaterkasse.

Bernhardstraße 3 • www.meiningen.de/galerie-ada • Mi.–So./feiertags 14–19.30 Uhr • Informationen zu Ausstel-

TIPP Mit der Eintrittskarte zu einer der Vorstellungen in den Kammerspielen, die meist um 19.30 Uhr beginnen, ist man zum kostenfreien Besuch der jeweils laufenden Ausstellung in der „Städtischen galerie ada" am selben Abend berechtigt. Es lohnt sich also, eine Stunde vor Beginn der Vorstellung zu kommen, die aktuelle Ausstellung anzusehen.

Staatstheater Meiningen, Großes Haus

lungen und Gastronomie S. 112 und 98 •

7 HANS-VON-BÜLOW-DENKMAL S. 20

Zwischen dem Staatstheater Meiningen und den Kammerspielen befindet sich das erste und einzige Denkmal für den Musiker und Stardirigenten. Geschaffen hat es Werner Stötzer, einer der renommiertesten bildenden Künstler der DDR. Der monolithische Block aus Carrara-Marmor, der wohl für Bülows Prinzipien der Orchesterarbeit stehen mag, trägt den Namen Hans von Bülow auf der Rückseite. Die Vorderseite des Denkmals ist mit einem Musikstillleben versehen. Anlass für die Ehrung war der 100. Todestag 1994. Mit Meiningen verbindet den Musiker die Hofkapelle, die er fünf Jahre leitete. In dieser Zeit entwickelte er seine Prinzipien der Orchesterarbeit, die den Klangkörper an die Weltspitze führten. Mit Hans von Bülow, dem späteren Chefdirigenten der Berliner Philharmoniker, begann die Ära der modernen Dirigenten als Interpreten.

Bernhardstraße 5

8 STAATSTHEATER MEININGEN S. 20

TOP-TIPP

Das Staatstheater Meiningen setzt mit seinen hoch aufragenden korinthischen Säulen und dem Portikus einen herausragenden architektonischen Akzent in der Bernhardstraße. Das Giebelfeld trägt die im Jahre 1909 vom Bauherrn Georg II. bestimmte Zueignung „Dem Volke zur Freude und Erhebung". Der an klassischen Vorbildern orientierte Bau ist der Nachfolger eines geschichtsträchtigen Hauses, das am 7. Dezember 1831 mit der Oper „Frau Diavolo" von Auber er-

öffnet wurde. Dieses Gebäude gilt als authentischer Ort der Theaterreform der „Meininger". Während das alte Theater gleichfalls noch die Wirkungsstätte für Hans von Bülow und Johannes Brahms war, die mit der Meininger Hofkapelle musizierten, sollte das 1909 eröffnete neue Gebäude die Wirkungsstätte von Max Reger werden. Als das alte Theater im März 1908 abbrannte, war die innovative Reisezeit der „Meininger" bereits beendet. Nach nur zwanzig Monaten Bauzeit unter Architekt Karl Behlert konnte das größere und auf die Bedürfnisse der modernen Theaterkunst abgestimmte Haus eingeweiht werden. Das neoklassizistische Gebäude entspricht mit seiner Ästhetik den Idealvorstellungen eines Musentempels des 19. Jh.s. Die beiden Frontseiten des Theaterportals sind mit Reliefs der Musen Thalia und Melpomene, der griechischen Schutzgöttinnen für Komödie und Tragödie, geschmückt, die von Prinz Ernst von Sachsen-Meiningen entworfen wurden. Zwei bronzene Türklopfer an der mittleren Eingangstür in Form einer komischen und einer tragischen Maske symbolisieren die darstellende Kunst. Das im Louis-seize-Stil gestaltete prächtige Foyer des Hauses dient als Veranstaltungsort für Matineen und Kammerkonzerte. Die hier aufgestellten Marmorbüsten von Bach, Beethoven, Brahms, Goethe,

◀ Portikus des Staatstheaters Meiningen

TIPP **Theatermenü** Vor dem Theater essen gehen oder danach? Diese Frage stellt sich nicht, denn der Theaterabend wird von der preisgekrönten Küche des Hotels „Sächsischer Hof" stilvoll eingerahmt. Im Restaurant „Posthalterei" werden der erste Teil des Menüs mit dem Hauptgang vor der Vorstellung und eine theatralische Degustation und das Dessert danach serviert. Hotel Sächsischer Hof • Georgstraße 1 • 98617 Meiningen • Tel.: 03693 4570 • www.saechsischerhof-meiningen.de

Kleist, Lessing, Mozart und Schiller verweisen auf die künstlerische Programmatik Georg II. Von seinem überlebensgroßen Bildnis an der Stirnseite des Foyers aus überwacht der Theaterherzog noch heute das Treiben in seinem Haus. 2010/11 wurde das Theater grundhaft saniert und mit modernster Bühnentechnik ausgestattet. Seit 2021 ist die ehemalige Kleinkunstbühne Rautenkranz (Ernestinerstraße 40) Zusatzspielstätte für das Junge Staatstheater und sein junges Publikum.

Bernhardstraße 5 • Tel.: 03693 451222 • www.staatstheater-meiningen.de • siehe auch S. 111 •

9 RHÖN-RENNSTEIG-SPARKASSE S. 20

Die Deutsche Hypothekenbank Meiningen wurde am 13. Dezember 1862 gegründet. Gemeinsam mit der zu dieser Zeit bereits bestehenden Mitteldeutschen Kreditbank trug sie dazu bei, dass Meiningen Mitte des 19. Jh.s zum wichtigsten Bankenstandort zwischen Leipzig und Würzburg avancierte. Diese erste deutsche Hypothekenbank mit dem Status einer Privatbank unter staatlicher Aufsicht galt als Vorbild für weitere Bankengründungen in Deutschland. Das palastartige Gebäude aus massivem Naturstein wurde zwischen 1897 und 1899 unter dem Architekten Eduard Fritze erbaut. Fritze schuf einen Neorenaissancebau, der an große italienische Palazzi erinnert. In den Jahren 1911/1912 wurde das Gebäude mit einem Nordflügel im gleichen Baustil vergrößert. Ein Blick in das Vestibül des heute als Hauptsitz der Rhön-Rennsteig-Sparkasse fungierenden Gebäudes lohnt sich nicht nur wegen der Oberlichtfenster mit den farbigen Abbildungen der zwölf Tierkreiszeichen. Der Schalterraum im Erdgeschoss eröffnet den Blick auf eine imposante Innenarchitektur. Die Verwaltungsräume der oberen Stockwerke sind durch Loggien erschlossen.

Leipziger Straße 4

10 ENGLISCHER GARTEN S. 21

Neben dem Meininger Theater tritt der Besucher in die Landschaft des Englischen Gartens ein, der als Denkmal erhalten ist. Zunächst führt der Weg zu einer Ruine. Solche architektonischen Versatzstücke gehörten zur romantischen Natur- und Landschaftsauffassung des späten 18. Jh.s. Georg I. von Sachsen-Meiningen

Teich im Englischen Garten

ließ den Park nach englischem Vorbild 1782 von seinem Hofgärtner Siegmund Friedrich Buttmann anlegen. Das hügelige Gelände birgt den Großen und den Kleinen Teich. Mehrere Sichtachsen werden von Baumgruppen , aber auch von architektonischen Höhepunkten wie der bereits erwähnten Ruine und dem Großen Palais gefasst. Die im westlichen Teil des Parks 1839 errichtete neogotische Gruftkapelle (S. 37) diente der Familie Sachsen-Meiningen als Grablege. Im 19. Jh. wurde der Englische Garten vor allem auf Anregung von Georg II. durch die Errichtung zahlreicher Denkmale zu einem „Pantheon im Grünen" erweitert. Dem 1865 auf einer Anhöhe aufgestellten Denkmal mit der Bronzebüste des Dichters Jean Paul von Ludwig von Schwanthaler folgte das 1897 errichtete Brahms-Denkmal (S. 35). Im 20. Jh. wurde diese Konzeption mit der Errichtung des Bechsteinbrunnens (S. 36) und mit dem 1937 eingeweihten Denkmal zu Ehren des Komponisten und einstigen Hofkapellmeisters Max Reger weiter verfolgt. Nirgendwo sonst werden Besucher, die mit der Bahn anreisen, von einer so großzügigen Parkanlage empfangen.

Bernhardstraße • (eingeschränkt)

11 MAX-REGER-DENKMAL

S. 21

Das erste für Max Reger in Deutschland errichtete Denkmal steht etwas versteckt im nordöstlichen Teil des Englischen Gartens. Die bronzene Büste wurde vom Münchner Bildhauer Georg Müller geschaffen und 1937 eingeweiht. Gestiftet wurde das Denkmal für den Komponisten, der von 1911 bis 1914 die Meininger Hofkapelle geleitet hat, von der Stadt Meiningen, dem Staatstheater Meiningen und Verehrern seiner Musik.

12 JEAN-PAUL-DENKMAL

S. 21

Jean Paul, der eigentlich Johann Paul Friedrich Richter hieß und aus Verehrung für Jean Jaques Rousseau seinen Namen änderte, blieb fast zwei Jahre in Meiningen (1801–03). Der Dichter wurde von Herzog Georg I. unterstützt, der Meiningen nach dem Vorbild Weimars als Stadt der Dichter und Denker profilieren wollte. Jean Paul jedoch war die Stadt bald zu klein und das Bier zu schlecht. Er zog weiter nach Hof. Sein im Zentrum des Englischen Gartens auf einer Anhöhe thronendes Denkmal von Ludwig Schwanthaler erinnert an den Dichter des „Titan", der heute vor allem durch seine Aphorismen bekannt ist.

13 JOHANNES-BRAHMS-DENKMAL

S. 21

Wer mit kulturellem Interesse nach Meiningen kommt, sollte der wohl eindrucksvollsten und großzügigsten Denkmalanlage der Stadt einen Besuch abstatten und damit Meister Brahms seine Aufwartung machen. Über den Tod

Johannes-Brahms-Denkmal

von Johannes Brahms im Jahre 1897 waren die deutsche Musikwelt, ganz besonders jedoch die Meininger Freunde des Komponisten bestürzt. Brahms, einer der meist gespielten Komponisten des klassischen Repertoires, hat sich in seinen späten Jahren mehrfach in Meiningen aufgehalten, mit der Hofkapelle musiziert und Konzerte auf deren Gastspielreisen dirigiert. 1885 brachte der Komponist seine 4. Sinfonie zur Uraufführung. Auf Initiative von Hofkapellmeister Fritz Steinbach stifteten Meininger Musikfreunde ein Denkmal für den Komponisten, das erste in Deutschland. Geschaffen wurde die halbkreisförmige Denkmalanlage mit Bronzebüste im südöstlichen Teil des Englischen Gartens von Adolf von Hildebrand, einem der prominentesten Bildhauer der damaligen Zeit. Zur Einweihung des Denkmals 1899 traf sich eine illustre Brahms-Fan-Gemeinde, zu der auch der Komponist Eugen d'Albert und der damals berühmteste Geigenvirtuose Joseph Joachim gehörten.

14 BECHSTEIN-BRUNNEN S. 21

Was flüstert der Erdgeist der Nymphe ins Ohr, damit sie die Geschichte den Menschen als Märchen weitererzählen kann? Bildhauer Robert Diez hat der Bronzeplastik des Bechsteinbrunnens den Namen „Waldgeheimnis" gegeben. Der leise vor sich hintröpfelnde Brunnen wurde 1909 auf Initiative des Hennebergisch-altertumsforschenden Vereins aufgestellt. Ludwig Bechstein, der 25 Jahre dessen Direktor war, hatte sich als Bibliothekar, Historiker, Sammler, Schriftsteller, vor allem aber als Märchen- und Sagensammler einen Namen gemacht. Die Tierreliefs, die das massive Brunnenbecken aus Kalkstein schmücken, stammen aus dem Figurenkanon seiner Märchen.

Nixe des Bechsteinbrunnens

15 GRUFTKAPELLE S. 21

Als Bernhard II. den Baumeister August Wilhelm Döbner beauftragte, eine Gruftkapelle zu bauen, ahnte er noch nicht, dass er seine zukünftige Begräbnisstätte viele Jahre von seinem Wohnsitz im Großen Palais aus vor Augen haben würde. Denn damals war nicht abzusehen, dass sein Sohn Georg II. bereits 1866 die Macht übernehmen würde. Das 1835–39 errichtete neugotische Gebäude ist im Innern mit 16 sächsischen Wappenschilden im Gewölbe geschmückt. Die farbigen Glasfenster fielen einem Bombenangriff 1945 zum Opfer. 1977 wurden die Särge der hier bestatteten Mitglieder der herzoglichen Familie entfernt, die sterblichen Überreste eingeäschert und auf dem Meininger Parkfriedhof beigesetzt. Heute findet sich in der Gruftkapelle eine Ausstellung zur Geschichte

TIPP Parkfriedhof Der Meininger Parkfriedhof gehört wegen der künstlerischen Qualität der Grabmale zu den interessantesten historischen Friedhöfen in Südthüringen. Über ein neugotisches Torhaus betritt der Besucher die weitläufige Anlage, die als steinerne Chronik der Residenzstadt gelesen werden kann. Seit der Einweihung 1841 wurden hier bedeutende Persönlichkeiten beigesetzt. Neben den Dichtern Ludwig Bechstein und Rudolf Baumbach fanden auch die Lieblingsschwester Friedrich Schillers, Christophine Reinwald, die Theaterintendanten Ludwig Chronegk und Max Grube sowie die Architekten Karl Behlert und Erwin Theodor Döbner dort ihre letzte Ruhestätte. Auch Georg II. wählte nicht die Familienkapelle, sondern den städtischen Begräbnisort für ein Doppelgrabmal mit seiner Frau Helene Freifrau von Heldburg. Die Figur „Schlafender Genius", die auf das Lebenswerk des Herzogs verweist, schuf Adolf von Hildebrand. 1870 wurde ein jüdischer Friedhof in direkter Nachbarschaft angelegt. Erhalten geblieben sind dort rund 130 Grabsteine, darunter das Grabmal des Bankiers Gustav Strupp. Berliner Straße 13 (Haupteingang)

des Englischen Gartens, die in den Sommermonaten sporadisch geöffnet wird.

16 SCHWANENBRUNNEN

S. 21

Der Schwanenbrunnen von 1835 entstand im Zuge der Bebauung der Marienstraße an der Südseite des Englischen Gartens. Ein unbekannter Künstler schuf das attraktive Wasserbecken mit der urnenförmigen Vase und den beiden Wasser speienden Schwänen. Er gilt als ältester Zierbrunnen der Stadt. Von hier aus ist das ehemalige Wohnhaus des Komponisten Max Reger, der von 1911 bis 1914 die Meininger Hofkapelle leitete, gut zu sehen. In dem hellblau getünchten, schlichten klassizistischen Bau an der wohl meist befahrenen Straßenkreuzung der Stadt betreibt die AWO das Kinder- und Jugendzentrum „Max' Inn".

Marienstraße

17 HOTEL SÄCHSISCHER HOF

S. 20

Das in den Jahren 1797 bis 1802 im Auftrag der Herzoglichen Familie errichtete Hotel ist die älteste Herberge der Stadt. Sein heutiges Erscheinungsbild mit fränkischem Schmuckfachwerk erhielt der ursprünglich klassizistische Bau im Jahr 1900 durch den Architekten Eduard Fritze. Im 18. Jh. sicherte die Verbindung des Hotelbetriebs mit dem Post- und Reiseverkehr die Rentabilität des Hauses. Mit wenigen Unterbrechungen hatte die Thurn- und Taxis'sche Post bis 1878 ihr Domizil im „Sächsischen Hof". Kulturelle Ereignisse wie Bälle, Konzerte und Theatervorstellungen gehörten in diesen Jahren zum Profil des Gasthauses. Bereits vor Errichtung des ersten Meininger Hoftheaters im Jahre 1831 traten hier fahrende Truppen auf und eine Liebhabergesellschaft benutzte Räumlichkeiten im Haus als Proben- und Auftrittsort. Später stiegen vor allem berühmte Schauspieler, Regisseure und Sänger ab, darunter Bettina von Arnim, Franz Liszt, Richard Wagner, Hans Albers, Kurt Masur und Klaus-Maria Brandauer.

Georgstraße 1 • Informationen zu Übernachtung und Gastronomie S. 105 und 93

◀ Schwanenbrunnen

18 KLEINES PALAIS

S. 20

Harmonie geht von dem Giebelportikus aus, der auf vier ionischen Säulen ruht. Dieses Musterbeispiel klassizistischer Baukunst in Meiningen hat berühmte Vorbilder. Herzog Bernhard II. ließ das Gebäude als Sommerresidenz von 1821 bis 1823 errichten. Zusammen mit dem Großen Palais gegenüber bildet es das repräsentative architektonische Entrée der Bernhardstraße. Der Herzog und seine Frau Marie haben das Palais bis in die 1840er-Jahre als zeit-

Hotel „Sächsischer Hof"

weiligen Wohnsitz genutzt und den repräsentativen Räumen in Schloss Elisabethenburg vorgezogen. Nach dem Umzug der herzoglichen Familie in das Große Palais 1863 gab es verschiedene Nutzungen. Berühmtester Bewohner war der Musiker Johannes Brahms.
Bernhardstraße 2

19 GÄNSEMÄNNCHEN-BRUNNEN S. 20

Brunnen mit der Figur eines Bauern, der unter jedem Arm eine Gans trägt, die als Wasserspeier fungiert, finden sich in mehreren deutschen Städten. Man geht davon aus, dass es sich bei der Meininger Version um eine Kopie der Brunnenfigur des Nürnberger Gänsemännchenbrunnens handelt, die Pankraz Labendorf zugeschrieben wird. Der Meininger Gänsemännchenbrunnen wurde 1854 errichtet, hat jedoch häufig seinen Standort gewechselt. Nach dem Diebstahl der Figur 1990 fand ein Nachguss gegenüber dem

Gänsemännchenbrunnen

Henneberger Haus

„Sächsischen Hof" einen neuen Platz.

Georgstraße/Karlsallee

20 HENNEBERGER HAUS S. 20

Mindestens einmal durchschreitet jeder Besucher der Stadt den pfortenartigen Durchgang des Henneberger Hauses. Der ungewöhnliche Torbogen über dem Fußgängerweg soll daran erinnern, dass hier einst ein mittelalterliches Stadttor den nördlichen Stadteingang gebildet hat. Das jedenfalls war die Absicht des Architekten Eduard Fritze, der das Gebäude als Vereinslokal für den Hennebergischen-altertumsforschenden Verein plante, dessen Vorsitzender er damals war. Fritze gab diesem Haus wie dem gegenübergelegenen Hotel „Sächsischer Hof" mit historisierendem Schmuckfachwerk ein regionaltypisches Aussehen. Das Henneberger Haus wurde 1895 eingeweiht und fungierte bis 1905 als Aufbewahrungs- und Präsentationsort der Sammlungen des Vereins. Der Name hat sich auf das Gebäude übertragen. Finanziert wurde der Bau vom damaligen Brauereibesitzer Karl Zeitz, der im Untergeschoss eine „Schänke im alten Stil" mit den erforderlichen Nebenräumen einrichtete, die bis heute erhalten ist.

Georgstraße 2 • Informationen zu Übernachtung und Gastronomie S. 106 und 94

21 EHEMALIGES GYMNASIUM BERNHARDINUM S. 20

Der spätklassizistische Dreiflügelbau wurde 1817–21 auf dem Gelände des ehemaligen Minoritenklosters errichtet. Der Hauptflügel ist mit einem Dachreiter versehen, über dem ein Turm mit Glocke und Uhr thront. In das damals moderne Schulgebäude zog 1821 das Lyceum illustre ein. Der Schulneubau wurde von Staat und Stadt gemeinsam finanziert und nach Herzog Bernhard II. benannt. Bis 1990 diente das Haus verschiedenen Bildungseinrichtungen. Nach längerem Leerstand konnte es 2003–05 einer Gesamtsanierung unterzogen werden und erfreut sich seit September 2004 als Sitz der Volkshochschule und der Christophine Kunstschule regen Zuspruchs. Im Mai 2008 erhielt die VHS den Na-

Theatermuseum

Kulisse Wallensteins Lager

men Eduard Weitsch. Der Pädagoge gründete 1920 die Heimvolkshochschule Thüringen in Meiningen-Dreißigacker.

Klostergasse 1

22 THEATERMUSEUM ZAUBERWELT DER KULISSE S. 20

TOP-TIPP

Die gewaltigen Ausmaße des Gebäudes lassen erahnen, dass sich hinter den dicken Mauern der einstigen Herzoglichen Reithalle Meiningens größter kulturhistorischer Schatz befindet. Die umfangreichste historische Bühnenbildsammlung weltweit umfasst 276 Bühnendekorationen, darunter Prospekte, Kulissenbögen, Panoramawände und Setzstücke aus der Reisezeit der „Meininger". Die Schauspieltruppe von Herzog Georg II. von Sachsen-Meiningen, eine damals maßstabsetzende Schauspielcompany, reiste

WALK OF BENEFIT

Achtung! Schauen Sie bitte auf den Boden, wenn Sie die steinerne Zuwegung zum Theatermuseum „Zauberwelt der Kulisse" betreten. Hier sind die Namen von Schauspielgrößen eingraviert. Namen, die Klang und Bedeutung in der europäischen Theater- und Filmwelt haben: Klaus-Maria Brandauer, Armin Mueller-Stahl, Monica Bleibtreu, Iris Berben und Bildkünstler Yadegar Asisi. Mit Benefizveranstaltungen haben sie sich für den Erhalt der historischen Meininger Theaterdekorationen eingesetzt und finanzielle Mittel für deren Restaurierung eingespielt.

von 1874 bis 1890 mit ihren Musterinszenierungen durch ganz Europa. Die „Meininger" gaben Gastspiele in 38 europäischen Städten von London bis Odessa und von Basel bis Stockholm. Sie beeinflussten damit die Theatergeschichte nachhaltig. Wo immer sie auftraten, war das Publikum über die illusionistische Bühnenausstattung entzückt und applaudierte manchmal sogar, bevor die Schauspieler die Bühne betraten. Die Bühnendekorationen, die nach Entwürfen des Theaterherzogs in der Werkstatt Brückner in Coburg angefertigt wurden, waren die heimlichen Stars der Szene. Sie trugen zur ästhetischen Wirkung der Inszenierungen ebenso bei wie die Mimen. Im Mittelpunkt der Präsentationen des Theatermuseums steht jeweils eine originale Bühnendekoration der „Meininger" zu Stücken von Schiller, Shakespeare oder Kleist, die mit einem Szenenlichtprogramm und Musik inszeniert wird. In dem außergewöhnlichen Museum, das eher einem Theaterraum gleicht, wird der Besucher mit einem Film in jene spannende Glanzzeit des Theaters entführt: Der Historismus triumphierte, bevor die Moderne die Bühne leer räumte.

Schlossplatz 2 • Tel.: 03693 471290 • www.meiningermuseen.de • Präsentationen: Apr.–Sept. Di.–So. 10/12/14/16 Uhr • Okt.–März Di.–So. 12/14/16 Uhr •

23 ERNESTINER HOF MIT KAVALIERSHAUS S. 20

Das unscheinbar wirkende Bürgerhaus ließ Oberkammerrat Martin Gottlieb Bauersachs 1767 errichten. Die rot verputzte Fassade geht auf diese Zeit zurück. Im Innern birgt

Kavaliershaus im „Ernestiner Hof"

Bürgerhaus Ernestier Straße 13

das Gebäude, das heute als Appartementhaus genutzt wird, einige Raffinessen wie den Laubengang, im Fränkischen als „Trücke" bezeichnet. Zum Komplex Ernestiner Hof gehören das Kavaliershaus mit verspielter Rokoko-Fassade und ein weiterer Gebäudeteil, die einen Innenhof umschließen. Ein kleiner Barockgarten ergänzt das historische Ensemble. Der berühmteste Bewohner des Hauses war der Hofklarinettist Richard Mühlfeld, für den kein geringerer als Johannes Brahms seine späten Kammermusikwerke für Klarinette schrieb.

Ernestinerstraße 9

24 BÜRGERHAUS ERNESTINER-STRASSE 13

S. 20

In unmittelbarer Nachbarschaft zum „Ernestiner Hof", an der Ecke Postgasse, liegt das liebevoll restaurierte und durch seinen roten Fachwerkschmuck auffallende Haus, das einst Sitz der wohlhabenden Meininger Färberzunft (1650–1771) war. Es wurde um 1600 erbaut und wird seit dem späten 18. Jh. als Wohnhaus genutzt. Es ist eines der wenigen, noch ganz ursprünglich erhaltenen Fachwerkhäuser der Stadt.

Ernestinerstraße 13

DER WASUNGER KRIEG

Mitte des 18. Jh.s diente das Gebäude „Alte Posthalterei" der Familie von Pfaffenrath als Wohnsitz. Die zugezogene Hofdame von Pfaffenrath geriet mit einer alteingesessenen Hofdame von Gleichen wegen des Vortritts bei Hofe in einen Rangstreit. Herzog Anton Ulrich von Sachsen-Meiningen sympathisierte mit Frau von Pfaffenrath. Einer Aufforderung des Reichskammergerichts, das von ihm ins Gefängnis geworfene Ehepaar von Gleichen freizulassen, kam er nicht nach.

Schon bald standen Truppen der Gothaer Verwandten im zum Herzogtum gehörenden Niederschmalkalden. Vetter Friedrich III. von Sachsen-Gotha und Altenburg nutzte den Anlass für einen Krieg. Der Großteil der militärischen Auseinandersetzungen von 1747/48 wurde im Städtchen Wasungen ausgetragen. Nach unnützem Blutvergießen wurde der Konflikt durch einen Kuh-Handel beigelegt. Der Wasunger Krieg macht den auf die Spitze getriebenen Widersinn der deutschen Kleinstaaterei deutlich.

25 ALTE POSTHALTEREI S. 20

Künstler und Kunstfreunde haben 2005 die „Alte Posthalterei" in ein spartenübergreifendes Kunsthaus verwandelt. Ausstellungsräume, Ateliers, Proberäume, Bühne und Café standen Kulturinteressierten offen. Im Ausstellungsbereich lag der Schwerpunkt auf zeitgenössischer Kunst. Das mit auskragenden Geschossen und Erker ausgestattete Bürgerhaus wurde um 1600 vom Stadtschultheiß und kaiserlichen

Literaturmuseum Baumbachhaus

Hofpoeten Johann Steuerlein errichtet. In das Haupthaus im hennebergisch-fränkischen Stil ist ein Gartenhaus integriert, in dem sich barocke Stuckaturen aus dem Jahre 1690 befinden. Hier wohnten über Jahrhunderte hinweg honorige städtische und fürstliche Beamte.

Das Kunsthaus ist aus baulichen Gründen geschlossen, der Kunstverein NEKST mit der Galerie in die Zwingergasse 4 umgezogen.

Ernestinerstraße 14 • Informationen zur Galerie S. 112

26 BAUMBACHHAUS, LITERATURMUSEUM S. 20

ENTDECKER-TIPP

„Hoch auf dem gelben Wagen" wird Rudolf Baumbach, der den Text des bekannten Liedes geschrieben hat, oft gereist sein. Er lebte von 1846 bis 1860 und von 1885 bis zu seinem Tode 1905 in dem Fachwerkhaus Nr. 22 in der Burggasse, das sein Großvater erworben hatte. 1738 wurde der Bau erstmalig urkundlich erwähnt. Das Fachwerk war ursprünglich verputzt und wurde erst 1981 freigelegt. 1982 wurde das Baumbachhaus als Literaturmuseum zum Gedenken an die Dichter, die in der Stadt gelebt und gewirkt haben, eingerichtet. Der Garten, der nur vom Haus aus zu betreten ist, wird an einer Seite von Resten der Stadtmauer begrenzt. In einer kleinen Grünanlage unweit des Hauses steht das Denkmal mit der Büste des Dichters Baumbach.

Burggasse 22 • Tel.: 03693 502848 • www.meiningermuseen.de • Apr.–Sept. Di.–Fr. 10–13/14–18 Uhr, Okt.–März. Di.–Fr. 11–13/14–17 Uhr • siehe auch S. 110

Baumbach-Zimmer

VOM MARKTPLATZ ZUM SCHLOSS ELISABETHENBURG

Vor 400 Jahren erhoben sich rund um den Marktplatz stattliche Fachwerkhäuser. Einzelne Bauten wie das Büchnersche Haus lassen erahnen, was Meiningen einst für ein Idyll gewesen ist. Der große Brand von 1874 hat jedoch circa ein Drittel der Innenstadt zerstört. Die nachfolgende historistische Bebauung der Gründerzeit besitzt ihren eigenen Reiz und verleiht der Stadt ihr harmonisches Aussehen.

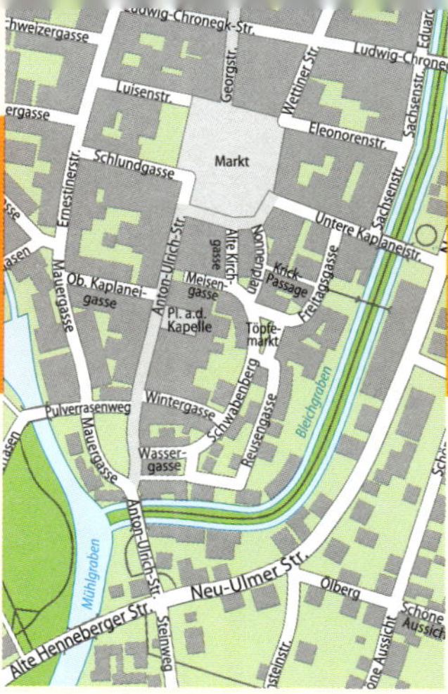

siehe große Karte S. 50/51

SEHENSWERTES

Stadtkirche Ein Baudenkmal mit 1.000-jähriger Geschichte: Die Stadtkirche „Unserer lieben Frauen" prägt das Stadtbild. S. 53 2

Katholische Kirche Ein unscheinbares Juwel: Im Innern leuchten die Glasfenster des aus den 1970er-Jahren stammenden Gesamtkunstwerks. S. 62 15

Büchnersches Haus Das Haus in der Georgstraße, das den großen Brand von 1874 überstanden hat, kündet mit seiner prächtigen Fachwerkfassade vom Reichtum der Tuchmacher im 16. Jh. S. 67 20

GASTRONOMIE

Cassai Spanische Küche trifft regionale Kulinarik in feinster Qualität. Dazu werden erlesene Weine gereicht. S. 96 15

Haus des Brotes Das traditionsreiche Backhaus Nahrstedt produziert immer frisch und in Bioqualität. S. 99 27

Szenekneipe Schlupfwinkel Die urige Kneipe ist eine Institution in Meiningen. S. 99 31

EINKAUFEN

Floristik Galerie Elena Pecher Blumen, Dekorationen, Geschenke: Hier ist es nicht schwer, Freunde und sich selbst mit etwas Schönem zu beschenken. S. 102 6

Buchhandlung Lohmann In Ruhe stöbern in der reichhaltigen Auswahl an Sachbüchern, Belletristik und kleinen Geschenken – bei einem Kaffee. S. 101 3

ÜBERNACHTUNG

Hotel Schlundhaus & Haus Rautenkranz Ein Haus mit Tradition: im historischen Ambiente nicht weit vom Marktplatz und mitten im Zentrum übernachten. S. 106 7

Hotel Fronveste In der Nähe des Töpfemarktes befinden sich heute in den historischen Gefängnismauern ansprechende und auch per Lift erreichbare moderne Zimmer (Zellen). S. 105 5

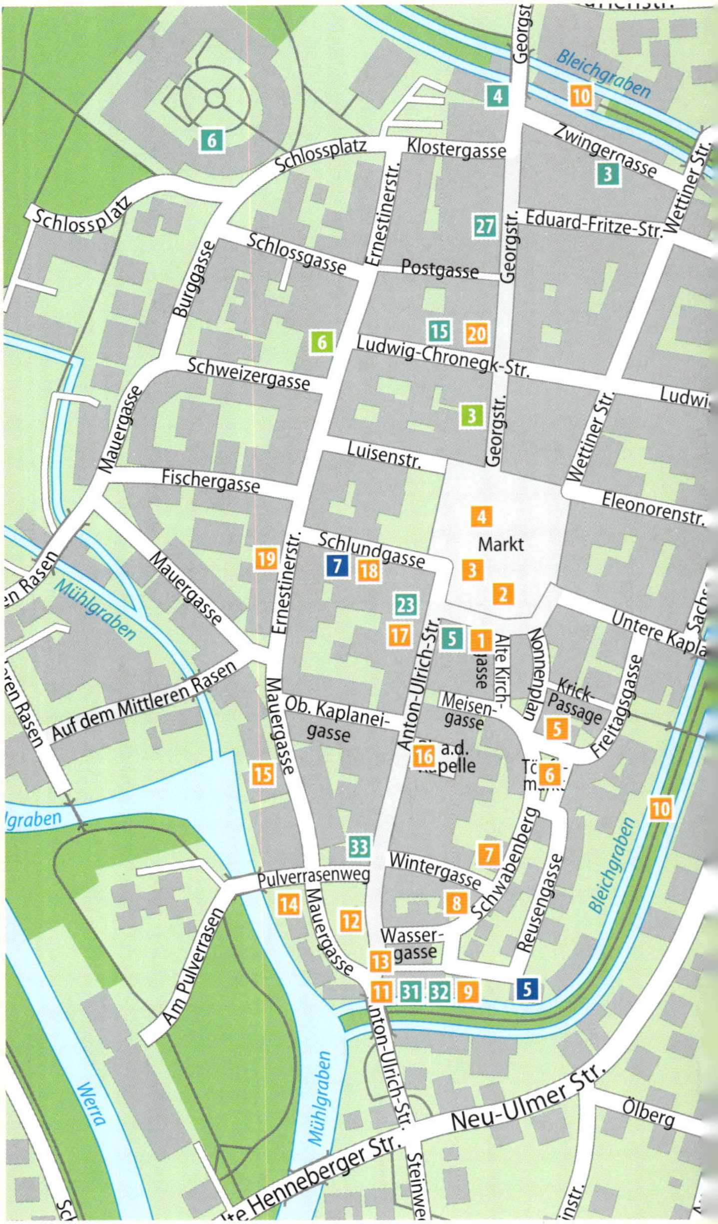
Schlossplatz
Klostergasse
Zwingergasse
Bleichgraben
Schlossgasse
Ernestinerstr.
Eduard-Fritze-Str.
Wettiner Str.
Georgstr.
Postgasse
Burggasse
Ludwig-Chronegk-Str.
Schweizergasse
Mauergasse
Luisenstr.
Fischergasse
Eleonorenstr.
Markt
Schlundgasse
Mühlgraben
Untere Kaplanei
Alte Kirchgasse
Nonnenplan
Anton-Ulrich-Str.
Krick-Passage
Freitagsgasse
Meisengasse
Ob. Kaplaneigasse
Auf dem Mittleren Rasen
a.d. Kapelle
Schwabenberg
Wintergasse
Reusengasse
Pulverrasenweg
Wassergasse
Am Pulverrasen
Werra
Neu-Ulmer Str.
Ölberg
Henneberger Str.

SEHENSWERTES

1 Bürgerhaus Anton-Ulrich-Straße (Ratsstube) S. 53
2 Stadtkirche S. 53
3 Heinrichsbrunnen S. 55
4 Marktplatz S. 55
5 Nonnenhof S. 56
6 Töpfemarkt S. 57
7 Haus am Schwabenberg S. 58
8 Hartungsches Haus S. 58
9 Fronveste S. 59
10 Bleichgräben S. 59
11 Obere Mühle S. 61
12 Kneipenviertel am Bermudadreieck S. 61
13 Steinernes Haus S. 61
14 Gedenkstätte am Platz der ehemaligen Synagoge S. 62
15 Katholische Kirche S. 62
16 Kapellenbrunnen S. 63
17 Haus Zum Hirsch S. 64
18 Schlundhaus S. 64
19 Stadtbibliothek S. 67
20 Büchnersches Haus S. 67

GASTRONOMIE

3 Restaurant Goldener Zwinger S. 93
4 Restaurant Henneberger Haus S. 94
5 Restaurant Ratsstube S. 94
6 Schloss-Stuben S. 94
15 Cassai S. 96
23 La Voglia S. 98
27 Haus des Brotes S. 99
31 Szenekneipe Schlupfwinkel S. 99
32 Verlies – Die Kneipe S. 99
33 Zur fröhlichen Einkehr S. 99

EINKAUFEN

3 Buchhandlung Lohmann S. 101
6 Floristik und Design Pecher S. 102

ÜBERNACHTUNG

5 Hotel Fronveste S. 105
7 Hotel Schlundhaus und Rautenkranz S. 106

Anno Domini
1603

1 BÜRGERHAUS ANTON-ULRICH-STRASSE, RATSSTUBE S. 50

Das Bürgerhaus gehört zu den ältesten Wohnhäusern der Stadt. Nach 1478 wurden die auskragenden Fachwerkgeschosse auf die Reste eines gotischen Vorgängerbaus aufgesetzt. Das mit Andreaskreuzen und Rauten reich verzierte Gebäude ist eines der wenigen erhaltenen Beispiele der ursprünglichen Bebauung, die durch den großen Stadtbrand 1874 vernichtet wurde. Das Zunftzeichen an der Fassade verweist auf die langjährige Nutzung als Bäckerei. 1995 begann die Generalsanierung, die 1998 mit der Eröffnung als Restaurant „Ratsstube" und zwei Ferienwohnungen ihren Abschluss fand.

Anton-Ulrich-Straße 1 • Informationen zu Gastronomie S. 93

2 STADTKIRCHE S. 50

Der Marktplatz wird von der Stadtkirche „Unserer lieben Frauen" dominiert. Die dreischiffige Hallenkirche mit Doppelturmfassade wird auch St. Marien genannt, eine Bezeichnung, die auf die Ersterwähnung um das Jahr 1000 zurückgeht. Die Geschichtsschreibung bringt den ersten Bau der Kirche mit Heinrich II. (973–1024) in Verbindung, ohne jedoch seinen Einfluss schlüssig beweisen zu können. Als historisch verbürgt gilt, dass König Heinrich auf seiner Huldigungsreise im Jahre 1003 Meiningen besucht hat. Im 15. Jh. erforderte die wachsende Stadtgemeinde den Bau einer größeren Kirche, der im Stil französischer Kathedralen begonnen wurde. An das ambitionierte Projekt erinnern noch der Chor und das Querhaus an der Nordseite, das nicht vollendet werden konnte. An- und Umbauten über mehrere Jahrhunderte führten zu einem Gemisch verschiedener Stile ohne gestalterische Verbindung. Um diesem unbefriedigenden Zustand abzuhelfen, schlossen sich Herzoghaus und Kirchgemeinde zusammen. Nach einem Projekt von Architekt Otto Hoppe begann 1884 der Bau des Langhauses, das den Chor und die alten Türme aus dem 11. Jh. verbinden sollte. Für das Dach, das mit farbigen Ziegeln gedeckt wurde, diente der Wiener Stephansdom als Vorbild.

Wie an der Außenhaut haben sich auch im Innern der Kirche Zeugnisse aus allen Bauabschnitten erhalten. Der Türklopfer an der linken Innentür des Haupteingangs stammt aus romanischer Zeit, das filigrane Netzrippengewölbe im Chor von 1443 bis 1455. Am äußeren nordöstlichen Strebepfeiler ist der „Kreuzpfennig" zu sehen, der zu den Wahrzeichen der Stadt zählt und ihre fast 500-jährige Zugehörigkeit zum Bistum Würzburg kenntlich macht. Die ehemals go-

◄ Hartungsches Haus

Blick in den Chor der Stadtkirche

DIE REGER-ORGEL

Natürlich hat Max Reger diese Orgel nicht gebaut. Er nutzte sie jedoch, um zahlreiche Kompositionen für Orgel, die sein eigentliches Instrument war, auszuprobieren. Das ursprüngliche romantisch disponierte Instrument wurde 1884–1889 von der Firma Schlimbach & Sohn aus Würzburg eingebaut. Auf Anregung Regers erfuhr dieses Instrument eine Erweiterung auf drei Manuale zu einem „Orgelwerk für größte Anforderungen". 1932 weihte Erhard Mauersberger, der 14. Thomaskantor, die Regel-Orgel ein. An jedem Samstag in den Monaten Juli und August erklingt die Reger-Orgel in der Stadtkirche um Punkt 12 Uhr bei freiem Eintritt für eine halbe Stunde zur Erbauung und Unterhaltung.

tischen Kirchenfenster fielen einem Bombenangriff zum Opfer. Einen Teil der Glasfenster gestaltete 1961 der Berliner Künstler Gerhard Olbrich. Ein kunsthistorisches Kleinod ist das Kruzifix im Altarraum, das der Schule von Veit Stoß (um 1500) zugeschrieben wird. Auf einen denkwürdigen Tag verweist die „Steinerne Madonna". Kaiser Ludwig IV. und Bischof Otto II. von Würzburg überreichten die kostbare Steinskulptur der Kirchgemeinde anlässlich eines Besuches. Die „Reger-Orgel" unterhalb der großen Fensterrosette an der Westfassade erhielt diesen Namen zu Ehren des Hofkapellmeisters Max Reger (1911–1914).

Die evangelische Stadtkirche ist ein Ort der Andacht und ein Ort der Musik. Geistliche Musik, der Orgelsommer und die Weltmusikkonzerte gehören zum ganzjährigen Programm.

Marktplatz • Tel.: 03693 840900 • www.kim-net.de • März–Okt. Di.–Sa. 10–17 Uhr, So. 9.30–17 Uhr, außerhalb dieser Zeit kann ein Termin im Pfarramtsbüro vereinbart werden •

3 HEINRICHS-BRUNNEN S. 50

Den Brunnen mit einer lebensgroßen Sandsteinplastik von Kaiser Heinrich II. verdankt Meiningen Herzog Georg II. Vier sitzende Löwen halten Wappenschilder mit dem Meininger Stadtwappen und dem Wappen des Herzogtums Sachsen-Meiningen. Darunter speien acht Löwenköpfe Wasser

Heinrichsbrunnen

in den Brunnentrog. Der Brunnen soll an die Huldigungsreise des gerade gekrönten Herrschers auf sein Königsgut Meiningen erinnern. In der Hand hält Heinrich II. ein Kirchenmodell der Meininger Stadtkirche.

Marktplatz

4 MARKTPLATZ S. 50

Von der ursprünglichen Bebauung im Osten, Norden und Westen des Marktplatzes ist nichts geblieben. Der große Stadtbrand hat sie 1874

TIPP Auf einen Kaffee in die Stadtkirche … Dazu lädt die evangelische Gemeinde in der warmen Jahreszeit (www.kim-net.de) jeweils Mittwoch zwischen 14 und 17 Uhr ein. Wer möchte, kann auch den Turm besteigen und den atemberaubenden Blick über die Stadt genießen.

Panorama von der Brücke zwischen den Türmen der Stadtkirche

komplett zerstört. Eine Neubebauung mit historisierenden Gebäuden erfolgte vor allem im späten 19. Jh. Dazu gehört auch das die Nordostseite des Marktplatzes dominierende Postgebäude von 1875. Eine erneute dramatische Zerstörung erfuhr der Marktplatz durch den Bombenangriff im Februar 1945. Das Gebäude der Sparkasse und das Rathaus auf der Marktwestseite sind für immer verloren. Nach einer Interimslösung mit barackenartigen Versorgungseinrichtungen gelang in den 2000er Jahren die Schließung der Lücke mit einem Wohn- und Geschäftshaus. Die heutige Oberflächengestaltung erhielt der Platz in den Jahren 1999/2000. Prägende Bauwerke sind die Stadtkirche und der Heinrichsbrunnen . Das Fachwerkhaus nördlich der Stadtkirche, in dem das Restaurant „Ratsstuben" seine Gäste empfängt, stammt aus dem 15. Jh. Der große Platz lädt zum Feiern ein, was die Meininger und ihre Gäste besonders während des Hütesfestes alljährlich am ersten Wochenende im Juli tun, aber auch zum Frühlings-, Herbst-, Martins- und Weihnachtsmarkt. Von Anfang März (je nach Witterung auch schon früher) bis Ende November ist in Meiningen zweimal pro Woche Markttag.

Markttage: Di./Fr. 8–17 Uhr

5 NONNENHOF S. 50

Das zweigeschossige Gebäude auf trapezförmigem Grundriss mit massiven Giebeln aus Kalksteinen stammt aus dem 15. Jh. und ist damit eines der ältesten der Stadt. Der Name „Nonnenhof" geht auf Beginen zurück, auf Frauen, die

in einer ordensähnlichen Gemeinschaft miteinander lebten und ihren Lebensunterhalt mit Krankenpflege verdienten. Auch wenn vom Fachwerk heute nach außen nichts mehr zu sehen ist – ein Großteil der Konstruktion hat sich erhalten. Eine dendrochronologische Untersuchung ergab, dass die Balken aus den Jahren 1474 und 1547 stammen. Aus dieser Zeit sind im Innern auch Farbfassungen gefunden worden. Das gotische Fenster am Giebel verweist auf einen repräsentativen Raum. Renaissanceformen zeigt das Rundbogentor, das den Hof zum Töpfemarkt hin öffnet.

Nonnenplan 3

6 TÖPFEMARKT S. 50

Im Gegensatz zum großzügig gestalteten Marktplatz hat der Töpfemarkt eine intime, kleinstädtische Atmosphäre, die an die Ackerbürgerzeit der Stadt erinnert. Bereits im 17. Jh. wurde hier Handel getrieben, 1843 erhielt die Töpferzunft die Genehmigung, rund um den Kastenbrunnen Waren feilzubieten. Am Platz waren Handwerker und Hofbeamte ansässig. Das Haus Töpfemarkt 6 wird nach seinem ehemaligen Besitzer Major von Fromm als „Fromm'sches Haus" bezeichnet. Im Garten an den Bleichgräben hat sich noch ein Stück Stadtmauer mit einem Turmstumpf erhalten. Das historische Gasthaus „Die Gans", das sich im Eckhaus Töpfemarkt/Reusengasse befand, existiert heute nicht mehr. Eine Gedenktafel erinnert an das einst sehr bekannte Lokal, in das Frau Holle eingekehrt sein soll. Hier liegt der Ursprung der „Hütes-Sage". Seit 1955 gehört das Töpfemarkt- und Hütesfest (S. 9), das Anfang Juli gefeiert wird, zu den festen Terminen im Kulturkalender der Stadt.

7 HAUS AM SCHWABENBERG S. 50

Deutlich erkennbar gehört der Stuckfries an der Südseite nicht ursprünglich zu diesem Haus. Er war Teil eines größeren, für die Villa „Carlotta" am Comer See geplanten Werkes, das jedoch unvollendet blieb. Charlotte von Preußen, die erste Ehefrau Georgs, hatte die Villa „Carlotta" als Brautgeschenk ihrer Mutter mit in die Ehe gebracht. Thema des unvollendeten Frieses sind die Romzüge des Kaisers Friedrich I. (Barbarossa). Georg II. gab das Werk bei Hofbildhauer Ferdinand Müller 1853 in Auftrag. Malermeister Heinrich Wittenberg erwarb das Teilstück und ließ es 1931 an seinem Haus anbringen.

Schwabenberg 10

8 HARTUNGSCHES HAUS S. 50

Das aus dem Jahr 1603 stammende, prächtige Haus wurde 1986–1988 neu aufgebaut. Zum farbigen Fachwerkschmuck mit den überkragenden Geschossen gehören Andreaskreuze, Halbpfosten und Streben mit plastischer Verzierung, sowie Sonnenscheiben. Nach dem Neuaufbau war in diesem Haus das Büro für architekturbezogene Kunst untergebracht. 1990 wurde die „Städtische galerie ada" als Ausstellungsplattform für zeitgenössische Kunst (S. 30) in diesem Haus gegründet und hier bis 2007 betrieben.

Wintergasse 8

Fronveste

Bleichgraben in der Sachsenstraße

9 FRONVESTE S. 50

Die dicken Mauern verweisen auf die ursprüngliche Bestimmung der beiden massiven Gebäude am südlichen Rand der Innenstadt. Die Fronveste am oberen Mauerring beherbergte das einstige Stadtgefängnis. Der dreigeschossige Massivbau mit spitzbogigen Fenstern wurde 1843–1845 in neogotischem Stil errichtet. Da die Haftanstalt bereits ein Jahr nach der Eröffnung ausgelastet war, wurde nebenan 1879 ein zweiter Gefängnisbau geschaffen. Er diente als Amts- und Landgerichtsgefängnis, zeitweilig als Kommandantur und Untersuchungsgefängnis der russischen Besatzungsmacht und wurde bis 1963 für den Strafvollzug genutzt. Das Backsteingebäude wurde 2006–2007 zum Hotel umgestaltet. Vom Bankettsaal „Monte Christo", einem gläsernen Turmaufbau aus den 2000er Jahren mit nach drei Seiten umlaufenden Balkon, eröffnet sich ein faszinierender Blick auf die Stadt und weit in das Werratal hinein.

An der Oberen Mauer 3 • Informationen zum Hotel S. 105/106

10 BLEICHGRÄBEN S. 50

Zwei parallele Wasserläufe umfließen die Stadt an ihrer östlichen Flanke in einem lang gezogenen Halboval bis zur Einmündung in die Werra auf Höhe der Landsberger Straße. Die Wassergräben gehörten zur mittelalterlichen Verteidigungsanlage, die ursprünglich aus drei Gräben und zwei Wällen bestand. Der äußere Graben wurde bereits im 18. Jh. teilweise verfüllt und zu Beginn des 19. Jh.s völlig eingeebnet. Dennoch gilt die Anlage als das am besten erhaltene Wallgrabensystem einer

ZUM STEINERNEN HAUS
Frankenland Reisen

Stadtbefestigung in Thüringen. Ihren Namen haben die Bleichgräben vor dem Dreißigjährigen Krieg erhalten. Die Tuchmacher nutzten sie zum Bleichen der Stoffe, die sie auf den Wällen auslegten. Von der Fronveste bis zum „Sächsischen Hof" führt heute ein von Bäumen gesäumter Weg auf dem Wall.

11 OBERE MÜHLE S. 50

Der imposante Fachwerkbau der Obermühle wurde von 1861 bis 1865 nach für die Gegend typischen Vorlagen errichtet. Dazu gehören die Verzierungen mit Schnitzereien, die Betonung der Ecken und die farbige Fassung der Hölzer. Die Tordurchfahrt ist in das Gebäude integriert und befindet sich an der Anton-Ulrich-Straße. Bereits im 14. Jh. hat an dieser Stelle eine Mahlmühle gestanden. Das Wasser bezogen die Müller vom inneren Mühlgraben am Obertor. Bis 1925 war die Mühle, die neben dem Mahlen von Getreide auch zur Stromerzeugung genutzt wurde, in Betrieb.

Anton-Ulrich-Straße 45

12 KNEIPENVIERTEL AM BERMUDADREIECK S. 50

ENTDECKER-TIPP

Enttäuschenderweise handelt es sich beim sogenannten Bermudadreieck um nichts anderes als eine nicht wieder bebaute Abrissfläche, auf der bis in die frühen Neunzigerjahre Häuser der Altstadt standen. Der Volksmund fand ob der spitzwinkligen Dreiecksform der Fläche schnell eine markante Bezeichnung. In den angrenzenden Straßen, manchmal recht versteckt, haben sich Kneipen und Bars wie das „Zur fröhlichen Einkehr" und der „Schlupfwinkel" angesiedelt, die dem Spitznamen Bermudadreieck durch die Häufung der Möglichkeiten, alkoholische Getränke zu genießen, noch eine ganz andere Bedeutung geben. An den Wochenenden gibt es vor allem im „Schlupfwinkel" gelegentlich Livemusik.

Informationen zu Gastronomie S. 99

◄ Steinernes Haus

13 STEINERNES HAUS S. 50

Auf das Jahr 1571 geht die Gestalt des Gebäudes zurück, das als „Steinernes Haus" bezeichnet wird. Der dreigeschossige Renaissance-Bau ist mit reichem Fassadenschmuck ausgestattet. Für sein plastisches Erscheinungsbild sorgen vorgeblendete Karyatiden und Hermen. An der Ecke zur Wassergasse ist eine Gesichtsmaske angebracht, darüber befindet sich eine Männerbüste. Im Dreiecksgiebel des Eingangsportals ist das Wappen der Besitzer zu sehen. Im Innenhof verfügt das Gebäude über einen Renaissance-Treppenturm, in dessen Obergeschoss sich das Baujahr in kunstvoll verschlungenen arabischen Ziffern erhalten hat. Mitte des 19. Jh.s zerstörte ein Brand das mit Steinen verblendete Fachwerkhaus. Oberbaurat Eduard

Katholische Kirche St. Marien, innen

Fritze rekonstruierte 1904 das ursprüngliche Erscheinungsbild.

Anton-Ulrich-Straße 43

14 GEDENKSTÄTTE AM PLATZ DER EHEMALIGEN SYNAGOGE S. 50

Kurz vor der Brücke zum Pulverrasen, dort wo einst das Gebetshaus der im 19. Jh. zahlenmäßig starken jüdischen Bevölkerung Meiningens stand, wurde 1988 eine bescheidene Gedenkstätte eingerichtet. Die 1881 bis 1883 im maurisch-byzantinischen Baustil erbaute Synagoge war religiöses und kulturelles Zentrum der jüdischen Gemeinde der Stadt und gleichzeitig Hauptsynagoge und Sitz der Landesrabbiner des Herzogtums Sachsen-Meiningen. Das Gebäude wurde 1939 komplett abgetragen, nachdem es von Einheiten der SA und SS in der Pogromnacht gestürmt und geplündert worden war. Jährlich am 9. November findet an diesem Ort eine Gedenkveranstaltung zur Erinnerung an die Synagoge und das Schicksal der Meininger Juden statt.

Ecke Mauergasse/Synagogenweg

15 KATHOLISCHE KIRCHE S. 50

Das Erscheinungsbild der katholischen Pfarrkirche St. Marien ist sehr zurückgenommen, fast könnte man das Gebäude übersehen. 1972 wurde dieser äußerlich schlichte, auf quadratischem Grund stehende Kirchenbau eingeweiht. Der Eindruck ändert sich jedoch völlig beim Betreten des vom Meininger Architekten Armin Trautmann geplanten Gebäudes. Dazu tragen vor allem der an der klassischen Moderne geschulte,

Kapellenbrunnen

sehr offen wirkende Innenraum und die Buntglaswände nach Osten und Süden bei. Christof Grüger war nicht nur der künstlerische Berater für den sakralen Raum, sondern schuf die aus Blockglas bestehenden farbigen Fenster. In abstrakter Weise formte der Künstler die Themen „Schöpfung" (Osten), „Erlösung" (Süden) und „Vollendung" (Westen/Altarrückwand) in Beton-Glas-Technik. Besonders bei Sonneneinstrahlung kann man sich der Faszination dieser farbenfrohen, fast glühenden Glaskunstwerke kaum entziehen. An der Nordwand des Kirchenraumes kündet die in einem speziellen Batik-Verfahren hergestellte Textilarbeit des Künstlers vom Kreuzweg Christi. Altar, Kreuz, Sakramentshaus, Weihwasserbecken und Marienrelief wurden von Werner Schubert aus Friedrichroda geschaffen. Werner Nickel aus Schönebeck entwarf die Außentüren und zeichnet für die Gestaltung von Altarwand und Altarsockel verantwortlich. Der acht Tonnen schwere Altarblock wurde vor Ort bearbeitet.

Mauergasse 22 a • Tel.: 03693 465960 • www.kim-net.de • Mo.–Mi. 8–12 und 14–16 Uhr, Di./Do./Fr. 8–12 Uhr •

16 KAPELLENBRUNNEN S. 50

Der Platz „An der Kapelle" zeigt sich dem Besucher mit seiner Umbauung aus unterschiedlichen Epochen heterogen. Dennoch besitzt er dank des Kapellenbrunnens einen gewissen Charme. Wie seine Umgebung ist auch der Brunnen kein einheitlich entstandenes Werk. Das Brunnenbecken stammt von 1823. Der Brunnen-

Haus zum Hirsch

stock von 1905, der mit Delphinen und Löwenköpfen verziert ist, gilt als eine Stiftung des Meininger Oberbaurats Eduard Fritze. Die kleine Kapelle, die auf der Säule thront, verweist auf die Geschichte des Platzes. Ursprünglich soll hier ein jüdisches Bethaus gestanden haben, das 1349 bei einem Pogrom beschädigt und abgebrochen wurde. Bereits 1374 errichteten Meininger Bürger an dieser Stelle eine Maria Magdalena gewidmete Sühnekapelle, die bis 1556 bestand. Die Schriftkartuschen am Brunnen enthalten Daten zur Meininger Wasserversorgung.

An der Kapelle

17 HAUS ZUM HIRSCH S. 50

Das Schild „Hier war Goethe" ist nicht nur im ehemaligen Herzogtum Sachsen-Weimar-Eisenach keine Seltenheit. Im Gasthaus „Zum braunen Hirsch" weilte er 1815. Wesentlich folgenreicher war jedoch Friedrich Schillers Besuch. Der 21-jährige Dichter traf auf seiner Flucht aus Stuttgart am 7. Dezember 1782 in Meiningen ein. Sein erster Kontakt, Bibliothekar F. W. H. Reinwald, heiratete später Schillers Schwester Christophine, die bis zu ihrem Tod in Meiningen lebte und auf dem Parkfriedhof (S. 37) begraben liegt. Das Haus „Zum Hirsch", in dem sich der zweitälteste Gasthof Meiningens befand, wurde 1490 erstmals erwähnt.

Markt 16

18 SCHLUNDHAUS S. 50

Der Begriff „Schlundhaus" bedeutet im Fränkischen Rathaus oder Ratskeller. In Meiningen trug der

Schlundhaus

DIE LEGENDE VON DER ERFINDUNG DER THÜRINGER KLÖSSE

Im Meininger „Schlundhaus“ sind der Sage nach die Thüringer Klöße erfunden worden. Der Dichter Rudolf Baumbach beschreibt in seinem „Lied vom Hütes“, wie die heidnische Göttin „Holle“ den Meiningern aufgrund ihres Hochmuts ihre Weinstöcke erfrieren ließ und sie damit ihrer Existenzgrundlage beraubte. Aus Mitleid mit den so in Not geratenen Ackerbürgern schenkte sie ihnen die Kartoffel und das Rezept für die Zubereitung der Kartoffelklöße. Frau Holle höchstpersönlich soll dem Bürgermeister der Stadt das Rezept mit den Worten überreicht haben: „Du Sohn uralten Stadtgeblütes, hier hast du das Receptum. Hüt' es!“ Eine dramatisierte Form des Gedichts wird alljährlich am Sonntag des Hütesfestes von Kindern der Schauspieltruppe „TOHUWABOHU“ auf der Marktbühne aufgeführt.

Ratskeller diesen Namen. Doch nachdem das gesamte Rathaus beim großen Stadtbrand 1874 zerstört worden war, bekam das „Haus zum Stern“ in der Schlundgasse die Bezeichnung „Schlundhaus“. Architekt Eduard Fritze erbaute 1906 auf diesem Grundstück das noch heute existente „Schlundhaus“ nach einer historischen Vorlage. Mit dem Nachbau des ehemaligen Nötschen Hauses in der Unteren Marktgasse mit einem über drei Geschosse reichenden Erker und weiteren Schmuckformen wollte er der alten Meininger Baukunst ein Denkmal setzen. Der Legende nach wurden im „Schlundhaus“ die Thüringer Klöße von Frau Holle persönlich erfunden.

Schlundgasse 4 • Informationen zu Übernachtung S. 106

19 STADTBIBLIOTHEK S. 50

Das Haus Nr. 38 in der Ernestinerstraße wurde von Johann Faber (von 1710–1718 Bürgermeister) erbaut. Das Fachwerk diente ursprünglich nicht als Schmuckfassade und wurde 1957 freigelegt. 1949 zog die Bibliothek in das bis dahin als Wohnhaus genutzte Gebäude ein. 1974 erhielt die Stadt- und Kreisbibliothek den Namen der Schriftstellerin Anna Seghers. Das an der Hofseite eingebaute Bleiglasfenster mit dem Titel „Die Geburt des Märchens“ ist eine Arbeit der Künstlerin Susanne Precht aus Lauscha. Die 24 Hausöffnungen haben die Anregung für den Meininger Adventskalender (S. 9) an der Fassade des Hauses gegeben.

Ernestinerstraße 38 • Informationen zur Ausleihe S. 113

20 BÜCHNERSCHES HAUS S. 50

Wie ein Geheimnis aus vergangenen Zeiten versteckt sich das prächtigste Haus der Stadt aus der Spätrenaissance hinter den Fassaden der Häuser in der Fußgängerzone. Ein Hinweisschild auf der Höhe der Georgstraße 20 weist den Weg durch den Hausflur zum ältesten erhaltenen Fachwerkbau Meiningens. Die Fassade des im Jahre 1596 errichteten Hauses wurde reich mit Andreaskreuzen, bemalten Schiebeläden und geschnitzten Eckpfosten verziert. Das farbenprächtige, dreigeschossige Wohngebäude ist eines der wenigen Zeugnisse des Wohlstands des Meininger Bürgertums um die Wende vom 16. zum 17. Jh. Durch glückliche Umstände blieb das Büchnersche Haus 1874 vom Feuer verschont, das große Teile der Innenstadt in Schutt und Asche legte. 1904 wurden Haus, Wirtschaftsgebäude und der Hof mit dem Laufbrunnen grundlegend saniert. 1974 und 2001 erfolgten weitere Restaurierungen.

Georgstraße 20

◀ Büchnersches Haus

AUSFLÜGE IN MEININGEN UND DIE UMGEBUNG

Die Gegend um Meiningen ist reich an jahrhundertealter Kulturgeschichte. Davon künden imposante Türme, die die malerischen Fachwerkdörfer überragen. Sie machen neugierig auf die Geschichten, die sich hinter ihren Mauern verbergen. Deutsche Könige und Kaiser haben ihre Spuren ebenso hinterlassen wie der Johanniterorden, das Landjudentum oder die Herzöge aus Meiningen und die hessischen Landgrafen. Friedrich Schiller fand auf seiner Flucht aus Baden-Württemberg in Bauerbach einen Unterschlupf. Bis heute wird sein Erbe in diesem kleinen Dorf gepflegt.

siehe große Karte S. 70/71

SEHENSWERTES

Dampflokwerk Das größte Werk Westeuropas, das heute noch Dampfloks bauen und reparieren kann. S. 74 3

Goetz-Höhle Europas größte begehbare Kluft- und Spalthöhle. S. 72 2

Karolingische Hallenkrypta Rohr Von malerischen Fachwerkhäusern umgeben ist die Michaeliskirche in Rohr, die ein Zeugnis uralter deutscher Geschichte birgt. S. 75 4

Johanniterburg Kühndorf Die letzte erhaltene Burg des Johanniterordens liegt als imposante Landmarke am Fuße des Dolmar. S. 77 7

Landschaftspark Altenstein Einen der größten und schönsten Landschaftsparks in Thüringen ließen die Meininger Herzöge um Schloss Altenstein errichten. S. 86 19

Schillermuseum Bauerbach Hier fand der junge Schiller nach seiner Flucht für ein halbes Jahr Asyl und die Freiheit zum Schreiben. S. 75 5

GASTRONOMIE

Gasthof Zum braunen Roß Ehrliche Hausmannskost in Bauerbach an einem Ort, wo Schiller einst Schulden machte. S. 94 7

Berggasthof Charlottenhaus Ein richtiger Berggasthof mit traditioneller Küche und uriger Gemütlichkeit lädt auf dem Gipfel des Dolmar ein. S. 93 1

Träbeser Bauernstube Bergrestaurant mit exquisiter Küche und Blick über das Meininger Tal. S. 96 18

ÜBERNACHTUNG

Hotel & Landgasthaus Der Distelhof Ein gemütlicher Landgasthof im Fachwerkhaus mitten in Dillstädt. S. 107 15

Hotel Burg Maienluft Zu Gast auf dem Burghof bei Wasungen hoch oben über dem Werratal. S. 107 13

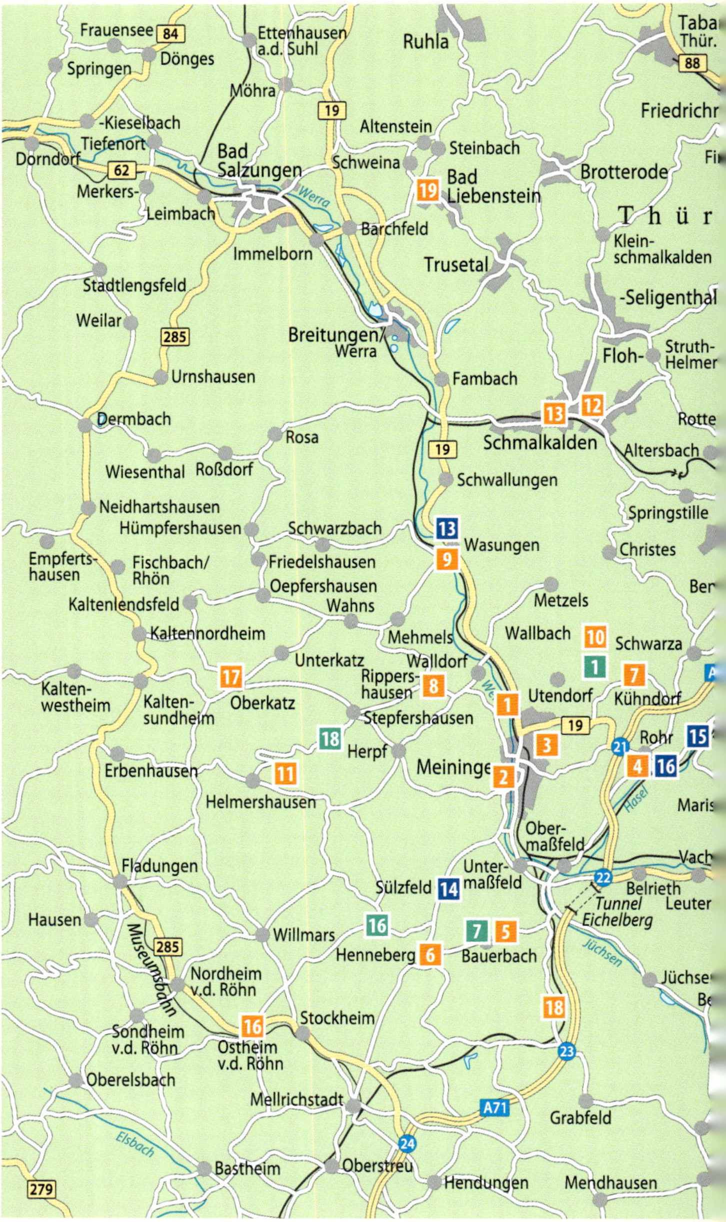
Frauensee
84
Springen
Dönges
Ettenhausen a.d. Suhl
Ruhla
Möhra
Kieselbach
Tiefenort
Dorndorf
62
Merkers-
Leimbach
Bad Salzungen
Werra
19
Altenstein
Schweina
Steinbach
Bad Liebenstein
Brotterode
Barchfeld
Immelborn
Trusetal
Klein-schmalkalden
Seligenthal
Stadtlengsfeld
Weilar
285
Urnshausen
Breitungen/Werra
Floh-
Struth-Helmer
Fambach
Dermbach
Rosa
Schmalkalden
Altersbach
Wiesenthal
Roßdorf
Schwallungen
Neidhartshausen
Hümpfershausen
Schwarzbach
Springstille
Wasungen
Christes
Empferts-hausen
Fischbach/Rhön
Friedelshausen
Oepfershausen
Wahns
Metzels
Kaltenlendsfeld
Kaltennordheim
Mehmels
Wallbach
Schwarza
Unterkatz
Walldorf
Kalten-westheim
Kalten-sundheim
Oberkatz
Rippers-hausen
Utendorf
Kühndorf
Stepfershausen
Rohr
Herpf
Meininge
Erbenhausen
Helmershausen
Hasel
Ober-maßfeld
Fladungen
Unter-maßfeld
Sülzfeld
Belrieth
Leuter
Tunnel Eichelberg
Hausen
Willmars
Henneberg
Bauerbach
Jüchsen
Museumsbahn
Nordheim v.d. Röhn
Stockheim
Sondheim v.d. Röhn
Ostheim v.d. Röhn
Oberelsbach
Mellrichstadt
A71
Grabfeld
Elsbach
Bastheim
Oberstreu
Hendungen
Mendhausen
279
Thür.
88
Friedrichr
Rotte
Thür
Maris
Vach
Jüchse

SEHENSWERTES

1 Schloss Landsberg S. 72
2 Goetz-Höhle S. 72
3 Dampflokwerk S. 74
4 Karolingische Hallenkrypta in der Michaeliskirche Rohr S. 75
5 Schillermuseum Bauerbach S. 75
6 Burgruine Henneberg S. 76
7 Johanniterburg Kühndorf S. 77
8 Sandstein- und Märchenhöhle Walldorf S. 78
9 Karnevalsstadt Wasungen mit Burg Maienluft S. 79
10 Der Dolmar S. 80
11 Hohe Geba S. 81
12 Schloss Wilhelmsburg Schmalkalden S. 82
13 Viba Nougat-Welt Schmalkalden S. 83
14 Meeresaquarium Zella-Mehlis S. 83
15 Waffenmuseum Suhl S. 83
16 Kirchenburganlage und Orgelbaumuseum Ostheim S. 84
17 Synagoge Aschenhausen S. 85
18 St.-Leo-Kirche zu Bibra S. 85
19 Landschaftspark Altenstein, Bad Liebenstein S. 86
20 Oberhof S. 87

GASTRONOMIE

7 Gasthof Zum braunen Roß S. 94
1 Berggasthof Charlottenhaus S. 93
18 Träbeser Bauernstube S. 96
16 Jägerstube im Jagdschloss Fasanerie S. 96

ÜBERNACHTUNG

15 Hotel und Scheunencafé Der Distelhof S. 107
13 Hotel Burg Maienluft S. 107
14 Hotel Fasold S. 107
16 Hotel Zum Kloster S. 107

1 SCHLOSS LANDSBERG S. 70

Wie ein Märchenschloss thront Schloss Landsberg hoch oben über dem Werratal. 1836 ließ sich Bernhard II. von Sachsen-Meiningen auf diesem exponierten Platz eine Sommerresidenz errichten. Die repräsentative dreiteilige Anlage mit Türmen, Torhaus und einer zinnenbekrönten Mauer wurde im neogotischen Stil nach dem Vorbild englischer Adelssitze errichtet. Seine älteste Schwester Adelheid, Königin von England (1830–37) unterstützte den Bau mit Rat und Geld. Bernhard II. bewohnte das Schloss jedoch selten. Erst sein Sohn und Nachfolger Georg II. ließ Teile der herzoglichen Kunstsammlungen hier unterbringen. Der holzgetäfelte Rittersaal ist mit acht Gemälden geschmückt, die Szenen aus der thüringischen Geschichte zeigen. Die von Wilhelm Lindenschmit d. Ä. geschaffenen Wandbilder folgen der romantischen Auffassung jener Zeit und sind stilistisch mit den Fresken verwandt, die Moritz von Schwind für den Palas der Wartburg in Eisenach gemalt hat. Bereits im 11. Jh. wird die Burg Landeswehre als Bestandteil der Schutzanlagen der nördlichsten Landesteile des Bistums Würzburg in den Chroniken erwähnt. Von dem ursprünglichen Bau, der vor allem aus einem Wehrturm mit Umfassungsmauer bestand, blieben nur der Turmstumpf und der Brunnenschacht erhalten. Schloss Landsberg erfuhr von 1975 bis 1978 einen grundlegenden Umbau zum Luxushotel. 1992/93 erfolgte eine Generalsanierung. Das Schloss befindet sich heute in Privateigentum.

Landsberger Straße 150

2 GOETZ-HÖHLE S. 70

ENTDECKER-TIPP

Die Goetz-Höhle gilt als die größte begehbare Kluft- und Spaltenhöhle Europas, die vor rund 25.000 Jahren durch einen Hangrutsch zur Werra entstanden ist. Den Namen verdankt sie ihrem Entdecker, dem Meininger Kaufmann Reinhold Goetz, der sich einen Berggarten anlegen und dafür entsprechendes Material am Dietrichsberg gewinnen wollte. Beim Abbau von Muschelkalk stieß er 1915 auf eine größere Öffnung, die ihn schließlich in die Höhle führte. Es brauchte noch viele Jahre, bis die Erschließungsarbeiten – finanziert von der Witwe des Entdeckers – beendet waren. 1934 konnte die Goetz-Höhle für Besucher eröffnet werden.

Was die Besucher erwartet, ist atemberaubend. Die vier parallelen Hauptspalten sind teilweise bis zu 50 Meter hoch. Auf einer Länge von fast 500 Metern sind drei Etagen über Wege und einen extra angelegten Stollen begehbar. Jede Spalte bietet eine besondere Raumsituation mit Tropfsteinen, Beleuchtung und teilweise aus-

▶ Schloss Landsberg

Karolingische Hallenkrypta Rohr

gezeichneter Akustik. Die Goetz-Höhle ist von Frühjahr bis Herbst für Besucher geöffnet.

3 DAMPFLOKWERK S. 70

TOP-TIPP

Dampflokomotiven haben in Meiningen eine einzigartige Heimstatt: das Dampflokwerk am Flutgraben. 1914 gegründet, ist es heute das letzte Instandsetzungswerk für Dampflokomotiven in Westeuropa. Der Betrieb hat sich zu einem Kompetenzzentrum für historische Schienenfahrzeuge entwickelt. Reparatur, Hauptuntersuchung und der komplette Neubau von Dampflokomotiven aller Spurweiten und Baureihen gehören zum Leistungsspektrum. Aus aller Welt werden Dampfloks nach Meiningen gebracht, um hier gewartet und repariert zu werden. Wenn ein imposantes Stahlross nach einer Kur zu einer Probefahrt das Werk verlässt und das Schnaufen der Maschine und der für jede Lok charakteristische Pfiff durch das Werratal tönen, liegen die Fans auf der Lauer, um Fotos zu machen. Und Anfang September jeden Jahres pilgern Tausende zu den Meininger Dampfloktagen. Wer möchte, kann dann selbst die berühmte 50er auf dem Werksgelände fahren und wird so zum Ehrendampflokführer. 2024 wird die Dampflokerlebniswelt eröffnet (www.dew-meiningen.de).

Am Flutgraben 2 • Tel.: 03693 851602 • www.dampflokwerk.de • Apr.–Okt. Sa. 10 Uhr • Treffpunkt am Haupteingang, Dauer: ca. 90 min.

4 KAROLINGISCHE HALLENKRYPTA ROHR S. 70

ENTDECKER-TIPP

Bis in das 9. Jh. zurück reicht die Geschichte eines der ältesten erhaltenen Sakralbauten in Deutschland. Als Teil der Kirche eines Benediktinerklosters wurde er zwischen 815 und 824 erbaut. Die Hallenkrypta hat nach Osten drei Nischen. Von der Mitte mit dem Hauptaltar führte ursprünglich eine Verlängerung in die Grabkammer der Stifter Graf Christian und Frau Heilwich. In den Seitennischen waren Nebenaltäre aufgestellt. Zwischen den vier Pfeilern befand sich der Reliquienschrein des Klosters, das bereits im 10. Jh. aufgelöst worden ist. Danach diente das Gotteshaus als Pfalzkapelle deutscher Könige und Kaiser. Mit dem Reichstag in Rohr am 29. Juni 984 erlebte der Ort einen Höhepunkt. Kaiserin Theophanu erhielt ihr Kind Otto III. zurück, der bereits als Dreijähriger zum König gekrönt worden war. Im Streit um die Thronfolge hatte ihn Heinrich der Zänker geraubt. Aus dem 16. und 17. Jh. stammen die Umbauten, die der Michaeliskirche ihr heutiges Erscheinungsbild als Dorfkirche geben, wie die Doppelemporen, die Kassettendecke, die Orgel und die Bemalung mit Szenen aus dem Leben Jesu. Bemerkenswert ist auch die gut erhaltene Wehranlage mit Torhaus aus dem 13. Jh., die die Kirche umgibt.

Kirchengemeinde Rohr • 98530 Rohr • Tel.: 036844 40362 • www.kirche-rohr.de

5 SCHILLERMUSEUM BAUERBACH UND SCHILLER-WANDERWEG S. 70

„Das Haus meiner Wolzogen ist ein recht hübsches und artiges Gebäude, wo ich die Stadt gar nicht vermisse …", schrieb Schiller seinem Freund Andreas Streicher bereits einen Tag nach der Ankunft in Bauerbach. Nach seiner Flucht vor Herzog Karl Eugen von Württemberg aus Stuttgart fand der 21-Jährige hier einen Ort, an dem er sich sicher fühlte und arbeiten konnte. Bauerbach war Rittergut und unterstand außer seinen Besitzern nur dem deutschen Kaiser. Als Gast Henriette von Wolzogens, deren Söhne Schillers Mitschüler auf der Karlsschule waren, lebte der junge Dichter von Dezember 1782 bis Juli 1783 unter dem Pseu-

Schillermuseum Bauerbach: Schillers Wohn- und Arbeitszimmer

donym Dr. Ritter hier. Er bewohnte die hinteren Räume im oberen Stockwerk. Die Ausstattungen seines Arbeits- und Schlafzimmers sowie der beiden Wohnräume der Familie Wolzogen sind erhalten geblieben. Mit der Überarbeitung des Trauerspiels „Die Verschwörung des Fiesko zu Genua", der Endfassung von „Kabale und Liebe" und den ersten Niederschriften zu „Don Carlos" war die Bauerbacher Episode für Schiller sehr produktiv und eine Zeit der Selbstfindung. 1934 wurde das Gutshaus der Wolzogens als Schillermuseum umgebaut und 1995 von der „Klassik Stiftung Weimar" vollständig restauriert. Bereits 1959 wurde das „Arbeiter- und Bauerntheater Friedrich Schiller" gegründet. Seither spielen die Einwohner des kleinen Ortes unter professioneller Anleitung Jahr für Jahr Stücke ihres großen Exilanten auf einer Naturbühne. Nur wenige Meter vom Museum entfernt, beginnt der elf Kilometer lange Schiller-Wanderweg. Er entspricht etwa der Strecke, die Schiller ging, um nach Meiningen oder Untermaßfeld zu gelangen.

98631 Grabfeld/OT Bauerbach • Friedrich-Schiller-Straße 1 • Tel.: 036945 50301 • www.klassik-stiftung.de/schiller-museum-bauerbach • Allgemeine Sommeröffnungszeiten: Fr.–So. 13–17 Uhr •

6 BURGRUINE HENNEBERG

S. 70

Aus dem frühen Mittelalter stammt die Burg Henneberg, die den Grafen von Henneberg ihren Namen gab. Ihre nicht einmal 100 Jahre währende Blütezeit

Burgruine Henneberg

erlebte sie ab 1221, als frühere Bauten zu einem repräsentativen Stammsitz ausgebaut und mit einer wehrhaften Mauer umgeben wurden. Aus dieser Zeit sind Teile der Ringmauer, von Palas, Bergfried und Kemenate bis heute erhalten geblieben. Eine Besichtigung der Burg lohnt sich unbedingt. Nach dem Aufstieg vom Dorf Henneberg auf der Westseite des Schlossberges beeindruckt das erste Tor, das 1935 bei einer Grabung entdeckt wurde. Der Weg führt weiter durch den Zwinger in die Burganlage des berühmten südthüringer Fürstengeschlechts. Vom Plateau des Bergkegels bietet sich ein faszinierender Blick über die Landschaft.

98617 Meiningen/OT Henneberg • Burgweg • Tel.: 0173 5769871 • www.thueringerschloesser.de

7 JOHANNITERBURG KÜHNDORF

S. 70

Schon von Weitem erscheint das Gebäudeensemble, das am Fuße des Dolmar über Kühndorf thront, als bedeutende Landmarke. Es ist die letzte erhaltene Burg des Johanniterordens in Deutschland. Bereits 1315 errichteten die Johanniter auf den Resten einer Burg ein Kastell, das aus Breitwohntürmen besteht. Zwei Jahrhunderte später übernahmen die Grafen von Henneberg die Anlage und verlegten ihre Residenz bis zum Aussterben des Geschlechts 1583 dorthin. Das Erscheinungsbild – massive Gebäude mit Fachwerkaufsatz und Treppentürmen – hat sich bis heute erhalten. 1991 kaufte das Ehepaar Eichborn die Oberburg von der Gemeinde und die Unterburg aus Privatbesitz.

Johanniterburg Kühndorf

Nach umfangreichen Rekonstruktions- und Sanierungsarbeiten ist die Johanniterburg heute wieder für die Öffentlichkeit zugänglich. Auf Führungen sind Johannitersaal mit Achteckturm, Torburg mit Gerichtszimmer und Kapelle, Küchenbau und Südkemenate zu besichtigen.

98547 Kühndorf • Schlossstraße 17 • www.johanniterburg.de • Tel.: 036844 306586 • Mo./Do. 10–14 Uhr, Di./Mi./ Fr. 9–12 Uhr

8 SANDSTEIN- UND MÄRCHENHÖHLE WALLDORF

S. 70

Aschenputtel, Hase und Igel, die Schneekönigin und viele andere Figuren aus den Märchen der Gebrüder Grimm, von Hans Christian Andersen und des Meininger Märchendichters Ludwig Bechstein sind hier unter Tage zu sehen. Das Leben der Sandmacher, die diese Höhle erschaffen haben, war jedoch kein märchenhaftes, sondern von schwerer körperlicher Arbeit geprägt. Durch den Abbau von Sand bis zum Beginn des 20. Jh.s entstand die künstliche Höhle mit ca. 65.000 Quadratmetern Fläche und 2.500 tragenden Säulen. Das unterirdische Labyrinth gehört damit zu den größten von Menschenhand geschaffenen Höhlen Europas. Der feinkörnige Sand wurde als Streu und Scheuersand verwendet. Mit welchen Werkzeugen und Technologien die Sandmacher gearbeitet und wie sie gelebt haben, zeigt das Schaubergwerk. In den entstandenen Hohlräumen finden sich 30 Märchenbilder und Szenen aus dem Leben der Sandmacher, an denen

Sandstein- und Märchenhöhle Walldorf

sich Erwachsene genauso erfreuen wie Kinder. Zum angrenzenden Freizeitpark gehören Spielplätze, Modellbootanlage, die Elektrokartbahn, das Tiergehege und die große Voliere mit exotischen Ziervögeln.

98617 Meiningen/OT Walldorf • An der Sandsteinhöhle 4 • www.sandsteinhoehle.de • Tel.: 03693 881277 • Di.–So. 10–16 Uhr •

9 KARNEVALSSTADT WASUNGEN MIT BURG MAIENLUFT S. 70

Die von beeindruckenden Fachwerkbauten geprägte Stadt gehört zu den ältesten in der Region. Auch das mittelalterliche Straßennetz hat sich bis auf wenige Veränderungen bis heute erhalten. Den Markplatz beherrscht das spätgotische Rathaus mit einem historischen Ratssaal im Innern, der mit einer Vertäfelung aus der Erbauungszeit ausgestattet ist. Zu den schönsten Gebäuden gehört das ehemalige Damenstift, das Bernhard Marschalk von Ostheim 1596 für verarmte adlige Frauen errichten ließ. Das Haus beherbergt heute das Stadtmuseum und die Tourist-Information. Sehenswert sind auch das aus der Renaissance stammende Amtshaus, die ehemaligen Adelssitze Weyenhof mit Volutengiebel und Maienhof mit Wohnturm. Auf der Burg Maienluft (13. Jh.) können der Bergfried, Teile der Wehranlage und der Burgkapelle besichtigt werden. Die Wirtschaftsgebäude aus dem 19. Jh. werden als Restaurant und Hotel genutzt. (S. 107) Wasungen gehört zu den ältesten Karnevalshochburgen in Deutschland. Bis auf das

Dolmar

späte Mittelalter geht die Tradition zurück. Unter dem Schlachtruf „Woesinge Ahoi" ziehen zum historischen Festumzug, der immer am Samstag vor Aschermittwoch stattfindet, Tausende Mitwirkende durch die Innenstadt.

Tourist-Information Wasungen • Untertor 1/Damenstift • 98634 Wasungen • Tel.: 036941 71505 • www.wasungen.de • Burg Maienluft • Maienluft 1 • Tel.: 036941 7840 • www.burg-maienluft.de • Restaurant: Mo.–Mi. Ruhetag • S. 107

10 DER DOLMAR S. 70

Wer (am besten von Kühndorf aus) den 739 Meter hohen Hausberg der Meininger erklimmt, wird mit weiten Ausblicken nach Norden in den Thüringer Wald und nach Westen in die Rhön belohnt. Die beiden sehr unterschiedlichen Mittelgebirge verhalfen dem Dolmar zu seinem eigentümlichen Charakter. Aus Sicht der Geologie gehört er als erloschener Vulkan zur Rhön, geografisch jedoch zum Thüringer Wald, weil er nördlich des Werratals liegt. Auf eine Besiedlung in der Bronzezeit (2000–100 v. d. Z.) deuten Gräberfunde und Reste von Ringwallanlagen im oberen Bereich der Bergkuppe hin. Wegen seiner Nutzung als Truppenübungsplatz der Sowjetarmee war der Dolmar ab 1967 für den Besucherverkehr gesperrt. Über den Berg führen heute der Rhön-Rennsteig-Wanderweg (89 km) und der Keltenerlebnisweg (254 km). Auch Mountainbiker haben ihn in den letzten Jahren entdeckt. Die Tradition der Flugschule geht bis auf das Jahr 1927 zurück. Sie bietet Rundflüge mit Motordrachen oder Ultraleichtflugzeugen an. Das Café und Restaurant „Pilotprojekt" sorgt für das leibliche

Hohe Geba

Wohl der Himmelsstürmer und Besucher. Lohnend ist auch ein Besuch der Gaststätte „Charlottenhaus" auf dem Gipfel des Berges.

Flugschule Dolmar • 98547 Kühndorf • Am Flugplatz 1 • Tel.: 0172 8124344 • https://flugsschule-dolmar.de • Café und Restaurant Pilotprojekt

11 DIE HOHE GEBA S. 70

Die „Hohe Geba" ist mit 751 Metern der höchste Berg der Vorderrhön, ein Tafelberg des tertiären Basaltvulkanismus. Mit dem Auto ist das Hochplateau von Meiningen aus in einer Viertelstunde zu erreichen. Die konditionell anspruchsvolle Wanderung (ca. 14 km) führt über den Milseburgweg. Doch am Ziel werden die Wanderer reich belohnt. Tagsüber bietet sich ein einmaliger Rundblick zu den Gipfeln der Rhön und des Thüringer Waldes und nachts genießen Kundige die grandiose Aussicht auf den Sternenhimmel von einem der am wenigsten durch Lichtverschmutzung beeinträchtigten Plätze Deutschlands. Seit 2014 gehört der Berg zum „Sternenpark im Biosphärenreservat Rhön". Auf einer Fläche von 3,5 Hektar zeigt der Rhönkulturgarten die einzigartige und zum Teil gefährdete einheimische Pflanzenwelt und verbindet künstlerische und naturnahe Landschaftsgestaltung. Durch seine Lage an der ehemaligen innerdeutschen Grenze war der Berg prädestiniert für militärische Nutzungen. Die Sowjetarmee errichtete auf dem Gipfelplateau eine Radarstation und sperrte das gesamte Gebiet für den Besucherverkehr. Nach Abzug der sowjetischen Truppen begann nach 1991 die touristische Erschließung. Der Rhönklub eröffnete die „Meinin-

Schloss Wilhelmsburg Schmalkalden

ger Hütte" als einfache Unterkunft für Wanderer. Das „Bergstübchen" bietet in rustikaler Atmosphäre einfache Speisen, darunter ein täglich frisches Brotzeitbuffet mit Produkten aus der Region.

98617 Rhönblick/OT Geba • Bergstübchen Gebatreff 1, Haus Nr. 2 • Tel.: 036943 24597 • www.hohe-geba.de

12 SCHLOSS WILHELMSBURG SCHMALKALDEN S. 70

Schloss Wilhelmsburg gehört zu den Renaissanceanlagen, die nahezu keine baulichen Veränderungen erfahren haben. Wegen der originalen Raumstruktur mit wertvollen Dekorationen zählt es zu den bedeutendsten Zeugnissen der Herrschaftskultur aus dieser Zeit. Der hessische Landgraf Wilhelm IV. ließ das Schloss von 1585 bis 1590 als Nebenresidenz seines Kasseler Stammsitzes erbauen. Das Gebäude besteht aus vier Flügeln, die auf einem quadratischen Grundriss angeordnet sind. Die Säle sind ihrer Entstehungszeit entsprechend mit dekorativen Malereien, Roll- und Beschlagwerk verziert. Kopien der Handmalereien zum Iwein-Epos von Hartmann von Aue aus dem Mittelalter sind im Keller zu besichtigen. Die Originale befinden sich im Hessenhof zu Schmalkalden. Besonders reich ausgestattet ist der Festsaal. Die Schlosskirche orientiert sich am Torgauer Vorbild eines reformierten Gotteshauses mit schöner Ausmalung. Komplett erhalten sind auch die Außenanlagen mit Schloss- und Kaninchengarten, Back- und Brauhaus, Marstall und Torwächterhaus.

98574 Schmalkalden • Schlossberg 9 • Tel.: 03683 403186 • www.museumwil

helmsburg.de • Apr.–Okt. Mo.–So. 10–18 Uhr, Nov.–März Di.–So. 10–16 Uhr • Führungen und Einführungsvorträge • Restaurant: Mo.–Fr. 9.30–17 Uhr, Sa./So. 11–17 Uhr • Führungen: Mo.–So. 11/14 Uhr

13 VIBA NOUGAT-WELT SCHMALKALDEN

S. 70

Die Kunst, aus feinen Zutaten Nougat herzustellen, lebt in Schmalkalden seit über hundert Jahren. Aus dieser Tradition heraus ist heute die „Viba Nougat-Welt" entstanden, die auf zwei Etagen vielseitige Schokoladenerlebnisse für Jung und Alt bietet. Die gläserne Produktionsstätte gibt Einblicke in die filigrane Herstellung feinster Süßigkeiten. In den Kursen für die ganze Familie kann man seine eigenen Pralinen und Schokoladenfiguren kreieren. Die Geschwister Willi Viebahn und Anni Reim gründeten 1893 das Café „Viebahn" mit eigener Süßwarenproduktion in Schmalkalden. 1920 liefen die ersten Nougatstangen, das Markenprodukt der Firma bis heute, vom Band. Der Betrieb hat auch während der DDR die begehrten Süßigkeiten produziert. Seit 1992 firmiert das expandierende Unternehmen unter dem Namen Viba. Eine Ausstellung informiert über Geschichte und Rohstoffe. Im Viba-Shop findet sich das gesamte Sortiment der hier produzierten Köstlichkeiten. Wer genug hat von all dem Süßen, bekommt im Restaurant auch herzhafte mediterrane Speisen.

98574 Schmalkalden • Nougat-Allee 1 (ehemals Auer-Weg) • Tel.: 03683 6921600 • www.viba-sweets.de • Erlebnis-Confiserie: Mo.–So. 10–17 Uhr

14 MEERESAQUARIUM ZELLA-MEHLIS

S. 71

Mitten im Thüringer Wald findet sich das einzige Meeresaquarium im Freistaat, das nicht nur einen großen Artenreichtum an exotischen Fischen und Reptilien präsentiert, sondern anschaulich die Lebensgewohnheiten der Tiere vermittelt. Vor dreißig Jahren machten die Aquarianer Anke und Maik Landeck ihr Hobby zum Beruf. Aus den Anfängen mit kleineren Becken ist inzwischen ein Erlebnispark mit Haibecken, Streichelteich mit Koi-Karpfen und Krokodilhaus geworden. Zum Bestand gehören verschiedene Arten von Schildkröten ebenso wie das Stumpfkrokodil, das auf der „Roten Liste" als besonders gefährdet geführt wird. Zu den Highlights gehören das große Haifischbecken, in denen sich Zitronenhaie, Ammenhaie, Sandtigerhaie und Leopardenhaie tummeln, und die farbenprächtige Unterwasserwelt der tropischen Ozeane mit bizarren Korallen und Seeanemonen.

98544 Zella-Mehlis • Beethovenstraße 16 • Tel.: 03682 41078 • www.meeresaquarium-zella-mehlis.de • Mo.–So. 10–18 Uhr

15 WAFFENMUSEUM SUHL

S. 71

Seit 600 Jahren werden in Suhl Handfeuerwaffen hergestellt. Das

Waffenmuseum Suhl

Waffenmuseum Suhl geht der langen Geschichte mit über 400 Einzelbeispielen nach. Steinschlossbüchsen, Duellpistolen und kunstvoll verzierte Waffen aus Suhler Betrieben zeugen vom hohen Niveau dieser Handwerkskunst, die Abnehmer in der ganzen Welt hatte. Vorgestellt werden auch die Grundlagen: Bergbau und Erzgewinnung in der Region. Besucher erhalten danach Einblick in die Arbeit der Schäfter, die Hersteller von Holz- und Kunststoffteilen, die ein Gewehr zusammenhalten und gebrauchsfähig machen. Ein Kapitel ist auch den Waffenschmieden und Graveuren gewidmet, die individuelle Stücke für den gehobenen Geschmack schufen.

98527 Suhl • Friedrich-König-Straße 19 • Tel.: 03681 742218 • www.waffenmuseumsuhl.de Di.–So. 10–18 Uhr

16 KIRCHENBURG-ANLAGE UND ORGELBAUMUSEUM OSTHEIM S. 70

In Ostheim hat sich die größte Kirchenburg Deutschlands nahezu original erhalten. Schon von Weitem künden die Wehrtürme und Eckbastionen von dem einzigartigen Bauwerk aus dem 15. Jh. Die Doppelmauer mit dazwischenliegendem Zwinger umschließt die Kirche, die Kirchhofschule, Gaden genannte Speicherhäuser und weitere Wirtschaftsbauten. 2003 wurde die Anlage zum „Denkmal von nationaler Bedeutung" erklärt. Im sogenannten „Steinernen Gaden" befindet sich das Kirchenburgmuseum, in der Kirchhofschule eine Galerie, die wechselnde Ausstellungen präsentiert. An der südwestlichen

Kirchenburganlage Ostheim

Ecke lässt sich der „Waagglockenturm" besteigen. Einen Besuch wert ist auch das Orgelbaumuseum Schloss Hanstein in Ostheim, das nicht nur über die 400-jährige Tradition des Orgelbaus im Ort informiert.

97645 Ostheim v. d. Rhön • Tel.: 09777 1850 • www.lebendige-kirchenburg.de • frei zugänglich • Orgelbaumuseum: Paulinenstraße 20 • Tel.: 09777 1743 • www.orgelbaumuseum.de • Mi.–Sa. 10–12/13–17 Uhr, So. 13–17 Uhr, Feb./1.–15. Nov. geschlossen

17 SYNAGOGE ASCHENHAUSEN

S. 70

In Südthüringen gibt es mehrere Gemeinden, in denen sich Zeugnisse des Landjudentums erhalten haben. Im 19. Jh. lebten sie als Händler unter den Bauern der Dörfer. Die letzten Mitglieder der fünfzig Familien großen jüdischen Gemeinde, die es in Aschenhausen bis zum Ersten Weltkrieg gab, wurden 1942 in das KZ Theresienstadt deportiert. Der jüdische Friedhof am Fuße des Leichelberges, auf dem sich rund 150 Grabstätten befinden, ist erhalten geblieben. Die Synagoge ist heute Begegnungsstätte für Menschen aller Konfessionen.

98634 Aschenhausen • Oberkätzer Straße 16

18 ST.-LEO-KIRCHE ZU BIBRA

S. 70

Die Kirche im elf Kilometer von Meiningen entfernten Dorf hatte einen bedeutenden Stifter – Kilian von Bibra. Zur Entstehungszeit 1492 war er Domprobst in Würzburg. Seine Familie bewohnte in Bibra eine Burg, die noch erhalten

Schloss Altenstein

ist und sich in Privatbesitz befindet. Mit der Ausstattung des gotischen Baus beauftragte Kilian von Bibra Tilman Riemenschneider. Dessen Werkstatt fertigte um 1500 drei bedeutende Schnitzaltäre an: den „Apostelaltar“, den „Verkündigungsaltar“ und den „Kirchenväteraltar“.

98631 Bibra • Obere Dorfstraße 1 • Tel.: 036944 54294 • Mai–Sept. Sa./So. 13–17 Uhr, wochentags nach Vereinbarung, Okt.– Apr. nur mit Voranmeldung

19 LANDSCHAFTSPARK ALTENSTEIN, BAD LIEBENSTEIN S. 70

Einer der größten und schönsten Landschaftsparks in Thüringen entstand im 19. Jh. nach englischem Vorbild für das Herzoghaus Sachsen-Meiningen. Der Kernbereich umgibt Schloss Altenstein, das durch Terrassen in drei Ebenen in die Gesamtinszenierung eingebunden ist. Architektonische Elemente wie die Ritterkapelle, die auf die Zugehörigkeit des Herzogs zur Freimaurerloge verweist, wechseln mit aufwendigen Schmuckrabatten. Der Bonifatiusfelsen diente mit seiner exponierten Lage an religiösen Festtagen und zu anderen Anlässen für Zeremonien. Höhlen, Grotten und Wasserfälle steigern den landschaftlichen Reiz der Anlage. Auf die Gestaltung nahmen führende Landschaftsarchitekten der Zeit Einfluss: Hermann von Pückler-Muskau, sein Schüler Eduard Petzold und Peter Joseph Lenné. Der Landschaftspark Altenstein ist zu jeder Jahreszeit ein Erlebnis. 2017 wurde eine Gedenkstätte für den Komponisten Johannes Brahms in Schloss Altenstein eingerichtet.

Loipe auf dem Rennsteig bei Oberhof

36448 Bad Liebenstein • Altenstein • Tel.: 036961 70222 • www.thueringerschloesser.de • Park ganzjährig frei zugänglich

20 OBERHOF S. 71

Die zahlreichen Sportevents im Profi- und Breitensportbereich sorgen dafür, dass der Wintersportort Oberhof auf dem Kamm des Thüringer Waldes international bekannt ist. Verschiedene Wintersportanlagen sind hier auf engstem Raum konzentriert: rund 120 Kilometer Loipen, ein Rodel- und Snowtubinghang, die Rennschlitten- und Bobbahn für Ice-Rafting und Gästebobfahrten. Abfahrtsläufer und Snowboarder treffen sich am Fallbachhang, der mit Sessellift und Beschneiungsanlage ausgestattet ist. In der DKB-Skisporthalle gibt es darüber hinaus 365 Tage im Jahr Schnee und perfekte Langlaufbedingungen auf fast zwei Kilometern. Nach der sportlichen Betätigung bietet das Wellness- und Erlebnisbad „H2Oberhof" Entspannung. Oberhof ist aber auch der zentrale Ort für Wanderer im Thüringer Wald und auf dem Rennsteig. Im Rennsteiggarten, Deutschlands größtem Alpingarten, kann man rund 4.000 Gebirgspflanzenarten aus nahezu allen Gebirgen der Erde kennenlernen. Der Hochseilgarten „Woodjump" gehört zu den besonders bei der jüngeren Generation beliebten Sportanlagen. Für Mountainbiker bietet Oberhof 400 Kilometer MTB-Tourengebiet. Der Rhön-Rennsteig-Radweg und der Haseltalradweg beginnen hier.

Haus des Gastes Oberhof • Crawinkler Straße 2 • 98556 Oberhof • Tel.: 36842 2690 • www.oberhof.de • Mo.–So. 9–18 Uhr

KLEINE STADTGESCHICHTE

982 Erste urkundliche Erwähnung Meiningens, Kaiser Otto II. übergibt sein Königsgut Meiningen dem Stift Sankt Peter und Paul in Aschaffenburg.

1008 Kaiser Heinrich II. übergibt Meiningen dem Bistum Würzburg als Lehen. Bis auf eine kurze Unterbrechungen bleibt Meiningen ein halbes Jahrtausend in diesem Herrschaftsbereich.

1230 Meiningen wird erstmals in einer Urkunde als civitas bezeichnet.

1344 Kaiser Ludwig der Bayer verleiht Meiningen die Rechte der Freien Reichsstadt Schweinfurt.

1525 Meiningen schließt sich im Bauernkrieg dem Bildhäuser Haufen der Aufständischen an und unterliegt.

1542	Durch Tausch erhalten die Grafen von Henneberg das lang begehrte Meiningen vom Bischof von Würzburg.
1583	Das Geschlecht der Grafen von Henneberg stirbt aus und Meiningen fällt laut Erbvertrag an das Haus Wettin.
Ende 16./ 1. Hälfte 17.Jh.	Meiningen erlebt durch die Barchent- und Leinenweberei einen wirtschaftlichen Aufschwung.
1634	Die Stadt wird im Dreißigjährigen Krieg geplündert.
1660	Meiningen kommt zum Herzogtum Sachsen-Altenburg und wechselt 1672 zum Herzogtum Sachsen-Gotha.
1680	Durch Aufteilung des Herzogtums Sachsen-Gotha wird Meiningen zur Residenz des neu gebildeten Herzogtums Sachsen-Meiningen.
1682	Bau von Schloss Elisabethenburg (1682–1692).
1763	Herzogin Charlotte-Amalie (1730–1801) übernimmt nach dem Tod ihres Mannes Anton Ulrich die Regentschaft des Landes und leitet eine bedeutende Phase in der Geschichte des Herzogtums ein, den ihre Söhne Karl (1754–1782) und Georg I. (1761–1803) mit zahlreichen Reformen fortführen.
1831	Eröffnung des Meininger Hoftheaters.
1858	Inbetriebnahme der Eisenbahnlinie im Werratal.
1866	Mit dem Sieg Preußens über Österreich muss Herzog Bernhard II. die Regentschaft an seinen Sohn Georg II. (1826–1914) abtreten.

1874 Die „Meininger", die Schauspieltruppe Herzog Georgs II., geht mit ihren spektakulären Inszenierungen auf Gastspielreisen durch ganz Europa (1874–1890).

1874 Ein Brand vernichtet große Teile der Altstadt.

1880 Mit Hans von Bülow an der Spitze wird die Meininger Hofkapelle zu einem der gefragtesten Orchester in Europa. Sie begibt sich ebenfalls auf Gastspielreisen (1880–1885).

1908 Das Hoftheater wird bei einem Brand zerstört und als Neubau 1909 wiedereröffnet.

1918 Der Soldaten- und Arbeiterrat zwingt Bernhard III. zur Abdankung.

1920 Meiningen wird Kreisstadt im Land Thüringen und behält diesen Status trotz mehrfacher Veränderung des Kreisgebiets und der politischen Strukturen bis heute.

1945 Teile der Stadt werden bei einem Bombenangriff zerstört. Meiningen wird zunächst von amerikanischen und dann von russischen Truppen besetzt.

1989 Öffnung der nur elf Kilometer entfernten innerdeutschen Grenze.

► Blick in die Georgstraße

CECIL

Original
Thüringer
Klöße

GASTRONOMIE

Meiningens Gastronomie besticht durch Vielfalt und bietet mit Haute cuisine, gut bürgerlicher und internationaler Küche sowie Thüringer Spezialitäten für jeden Geschmack etwas. Eine ganz besondere Rolle spielt die traditionelle Küche. Damit ist nicht nur die bekannte Thüringer Bratwurst gemeint, die am besten frisch vom Rost genossen wird. Die Thüringer Klöße wurden der Legende nach in Meiningen erfunden. Viele Restaurants empfangen ihre Gäste in historischem Ambiente. Im „Goldenen Zwinger", dem ältesten Gasthaus der Stadt, speiste Hofkapellmeister Max Reger nach Vorstellungen. Ausgeprägt ist die Kaffeehauskultur. Mehrere Cafés bieten Konditor- und Backwaren in handwerklicher Tradition und in höchster Qualität.

THÜRINGISCHE KÜCHE

1 Berggasthof Charlottenhaus auf dem Dolmar Benannt wurde das Gasthaus nach Charlotte von Preußen, der Gemahlin Herzog Bernhards III. von Sachsen-Meiningen. Geboten werden deftige Gerichte mit Zutaten aus der Region und natürlich Thüringer Klöße. Bei schönem Wetter sind die Plätze auf der Terrasse wegen der guten Aussicht besonders beliebt. Auf dem Dolmar 1 • 98547 Kühndorf • Tel.: 03693 507710 • www.berggasthof-charlottenhaus.de • Mo./Di. Ruhetag •

◀ Meiningen, Heimstadt der Thüringer Klöße

2 Kutscherstube im Sächsischen Hof In zwei urgemütlichen Räumen wird deftige, herzhafte Thüringer Küche mit traditionellen Gerichten geboten: Wild aus dem Thüringer Wald und echte Hütes. Dazu die besten Weine aus Thüringen oder ein frisch gezapftes Pils. Georgstraße 1 • Tel.: 03693 4570 • www.saechsischerhof-meiningen.de • Mo./Di. Ruhetag • Mi.–So. 11–14/17.30–24 Uhr •

3 Restaurant Goldener Zwinger Die wohl urigste Gaststube der Stadt und eine deftige reichhaltige Hausmannskost mit wechselnder Speisekarte haben dafür gesorgt, dass der „Zwinger" ein Geheimtipp ist. Gekocht wird mit Zutaten aus der Region. Zwingergasse 8 • Tel.: 03693 502801 • www.goldenerzwinger.de • Mo./Di. Ruhetag, Mi.–Sa.16–23 Uhr

Biergarten am „Henneberger Haus"

4 Restaurant Henneberger Haus In der holzgetäfelten altdeutschen Stube stellt sich schnell Behaglichkeit ein, nicht nur im Winter, wenn der historische Kachelofen geheizt wird. Die Thüringer Küche mit den traditionellen „Hütes"-Gerichten sowie internationale, vegetarische Rezepte und Wildspezialitäten aus heimischen Wäldern stehen auf der Speisekarte. Thüringer Weine runden das Angebot ab. Der zwischen die Bleichgräben eingebettete Biergarten ist einer der beliebtesten Orte der Stadt in der warmen Jahreszeit. Georgstraße 2 • Tel.: 03693 508990 • www.henneberger-haus.de • Durchgehend geöffnet •

5 Restaurant Ratsstube Das gemütliche Restaurant mit Kreuzgewölbe liegt direkt am Marktplatz und bietet saisonale bürgerliche Küche. In der schönen Jahreszeit ist der Freisitz besonders einladend. Anton-Ulrich-Straße 1 • Tel.: 03693 8858877 • Di./Mi. Ruhetag

6 Schloss-Stuben Ebenerdig im Rundbau von Schloss Elisabethenburg gelegen, speist man hier in der warmen Jahreszeit immer auf der Sonnenseite, entweder im ehemaligen Burggraben oder im Schlosshof. Die Atmosphäre der Gaststätte ist geprägt von den historischen Kreuzgewölben. Gutbürgerliche Küche mit saisonalen Angeboten, hausgemachten Thüringer Klößen, einem reichhaltigen Salatbüffet und Spezialitätenwochen gehören zum kulinarischen Programm. Schlossplatz 1 • Tel.: 03693 502344 • www.schloss-stuben-mgn.de • Mo. Ruhetag •

7 Gasthof Zum braunen Roß Hier hat Schiller während seines Aufenthalts 1782/83 gespeist. Die Rechnung sollte man – im Gegensatz zu ihm – jedoch bezahlen. Regionale Speisen und die berühmten Thüringer Klöße stehen auf der Speisekarte des Dorfgasthofes. An der Fassade des Gebäudes ist ein von Schiller als Auftragsarbeit für Herzog Georg I.

Eisdiele „La Voglia"

von Sachsen-Meiningen verfasstes Poem zu lesen. Dieses Spottgedicht entstand als Reaktion auf die Übernahmepläne der Coburger Verwandtschaft. Hinterdorf 12 • 98631 Grabfeld/ OT Bauerbach • Tel.: 036945 519400 • www.zum-braunen-ross-bauerbach.de • Mo./Di. Ruhetag •

INTERNATIONAL

8 Restaurant Athene Pallas Das griechische Restaurant besticht durch das große Angebot an Vorspeisen, die für jeden Geschmack die passenden Kombinationen mit frischen Zutaten bereit hält. Auch Liebhaber der klassischen griechischen Küche kommen auf ihre Kosten. Günter-Raphael-Straße 1 • Tel.: 03693 8829530 • durchgehend geöffnet

9 Restaurant Delphi Im traditionell geführten griechischen Restaurant besticht die warme Atmosphäre, die die antikisierte Kulisse bietet. Das Haus ist bekannt für Spezialitäten wie Fleischspieße verschiedener Art vom Grill und für Gerichte aus dem Backofen. In den Sommermonaten stehen im Biergarten viele Plätze zur Verfügung. Leipziger Straße 47 • Tel.: 03693 503030 • https://delphi-meiningen.de • Di. Ruhetag

10 Thai Imm Arroy Der Imbiss bietet typische thailändische Gerichte mit Fleisch und Fisch, auch vegane Speisen. Die Spezialität des Hauses sind Gerichte mit Meeresfrüchten und Geflügel. Ludwig-Chronegk-Straße 6 • Tel.: 03693 5292014 • Sa./So. Ruhetag

11 Ristorante Pizzeria Antika Italien Das Restaurant bietet die Klassiker der italienischen Küche, darunter Fleisch- und Fischspezialitäten und handgemachtes Eis in großer Auswahl. Ein Lieferservice bringt die Speisen auch nach Hause. Schlossplatz 4 • Tel.: 03693 470775 • https://antika-italia.de • durchgehend geöffnet

12 Ristorante Toscana Italienische Küche in feinster Qualität: In dem kleinen Lokal am Meininger Markt kommen Liebhaber auf ihre Kosten. Neben leckeren Antipasti bereitet der Koch handgemachte Pasta, Pizza, Fisch und Fleisch für seine Gäste. Eine Platzreservierung ist unbedingt erforderlich. Markt 10 • Tel.: 03693 5055155 • Mo. Ruhetag

13 Restaurant Bombay Freunde der indischen Küche kommen hier auf ihre Kosten. Gemütliche Atmosphäre, reichhaltiges, vorzügliches Essen, leckeres Naan-Brot! Im Sommer mit Biergarten. Anton-Ulrich-Straße 47 • Tel.: 03693 5079345 • www.restaurant-bombay.de • Mo. Ruhetag

14 Villa Colosseo Salat, hausgemachte Pizza- und Pastavariationen, Fleisch- und Fischgerichte stehen auf der Speisekarte des Restaurants in der Altstadt. Ernestinerstraße 9 • Tel.: 03693 476048 • www.villa-colosseo.de • Durchgehend geöffnet

DAS BESONDERE

15 Cassai Mediterranes Restaurant Spanische Küche trifft regionale Kulinarik: Das familiengeführte Restaurant Cassai versteht sich auf kalte und warme Tapas in feinster Qualität ebenso wie auf mallorquinische Spezialitäten. Dazu werden ausgesuchte Weine und Digestifs serviert. Ludwig-Chronegk-Straße 5 • Tel.: 03693 8866820 • www.cassai-meiningen.de • Di. Ruhetag

16 Gaststätte Jägerstube im Jagdschloss Fasanerie Das klassizistische Jagdschloss Fasanerie wurde 1790 erbaut und von den Herzögen von Sachsen-Meiningen zur Jagd und als Sommerhaus genutzt. Die Fasanerie bereicherte die Herzogliche Tafel. In der Jägerstube mit traumhafter Terrasse werden saisonal wechselnde Gerichte aus regionaler Produktion. Herausragend ist die große Auswahl an hausgemachten Torten und Kuchen. 98617 Rhönblick/OT Hermannsfeld • Tel.: 0151 56177088 • Mo.–Mi. Ruhetag •

17 Restaurant Posthalterei im Sächsischen Hof Das Feinschmeckerrestaurant „Posthalterei" in den ehemaligen Räumen der Fürstlich Thurn und Taxisschen Poststation setzt neben dem regionalen Schwerpunkt internationale Akzente für seine köstlichen, pfiffigen und dekorativen Kreationen. Aufmerksamer Service, charmante Betreuung und perfektes Handwerk sind eine Selbstverständlichkeit. Die Küche der „Posthalterei" wird in vielen Restaurantführern lobend erwähnt und zählt zu den ersten Adressen in Thüringen. Der alte Weinkeller ist der besondere Stolz der Hausherrin und vervollständigt das kulinarische Angebot mit erlesenen Weinen. Georgstraße 1 • Tel.: 03693 4570 • www.saechischerhof-meiningen.de • Mo./Di. Ruhetag •

18 Restaurant Träbeser Bauernstube Hinter dem einfachen Namen verbirgt sich ein gehaltvoller Inhalt: In dem Restaurant, das einen atemberaubenden Blick über das Meininger Tal bietet, kocht ein Meister seines Fachs. Auf der Speisekarte steht eine Auswahl kulinarischer Gaumenfreuden. Die Zutaten kommen aus der Region. Neue Straße 2 • Meiningen/OT Träbes • Tel.: 036943 63362 • www.traebeser-bauernstube.de • Di. Ruhetag

Museumscafé im Schloss Elisabethenburg

19 Ristorante „Da Vinci" In stivollem Ambiete bietet die Küche eine breite Auswahl klassischer italienischer Gerichte: Pasta, Fleisch und Meeresfrüchte. Aber auch Vegetarier kommen in den Genuss feiner Speisen. Im Sommer locken die Tische im Freien. Anton-Ulrich-Straße 19 • Tel.: 03693 8865109 • www.ristorante-da-vinci-meiningen.eatbu.com • Mo. Ruhetag

CAFES UND BISTROS

20 Café im Sächser An dieser Kuchentheke kommt kaum jemand vorbei. Köstlichkeiten aus feinsten Zutaten werden hier von Hand hergestellt. Torten, Pralinen, Marzipan, Petits Fours und der traditionelle Thüringer Rahmkuchen sind Spitzenkreationen des Konditorhandwerks. Georgstraße 1 • Tel.: 03693 4570 • www.saechsischerhof-meiningen.de • Mo./Di. Ruhetag •

21 Café Neumann Das älteste Meininger Café bietet hausgebackene Torten, Thüringer Blechkuchen, und Kaffeespezialitäten. Das leckere Eis kommt von einem Rhöner Biobauern. Im Sommer gibt es Freisitze in der Fußgängerzone. Georgstraße 37 • Tel.: 03693 502635 • www.cafeneumann.de • So. Ruhetag

22 Café Tante Helene In dem Café am Markt können die meisterlichen

Szenekneipe „Schlupfwinkel"

Torten und natursauren Backwaren aus der Meininger Traditionsbäckerei Nahrstedt probiert werden. Die Auswahl ist groß. Das Bachhaus fertigt auch individuelle Torten, darunter Hochzeitstorten in bester Qualität. Markt 1 • Tel.: 03693 508083 • https://nahrstedt.de • Durchgehend geöffnet

23 La Voglia Das Lokal ist ein Treffpunkt am Markt, geprägt von italienischer Freundlichkeit. Schon bei den ersten Sonnenstrahlen stehen die Stühle draußen. Die Auswahl an wohlschmeckenden Eissorten ist groß. Markt 16 • Tel.: 03693 8929944 • Durchgehend geöffnet

24 Museumscafé Im ehemaligen Hessensaal im Dachgeschoss des Turms von Schloss Elisabethenburg befindet sich das Museumscafé. Die barocken Stuckverzierungen faszinieren ebenso wie der Blick über die Stadt. Hausgemachte Torten, Kuchen, Eisarrangements, Kaffee- und Teespezialitäten sowie herzhafte Kleinigkeiten gehören zum Angebot. Schlossplatz 1 • Tel.: 03693 881036 • www.meiningermuseen.de • Mo./Fr. Ruhetag

25 Trollstube Meiningen Das Haus mit einem schön gestalteten Garten ist eine Oase in der Innenstadt. Im stilvollen Ambiente werden Kaffee, Tee und selbstgebackene Kuchen gereicht. Angeboten werden auch Seminare und Workshops zur Verwendung von Kräutern, zur Seifenherstellung und zum Brotbacken. Mit kleiner Pension. Reusengasse 1 • Tel.: 0172 6619629 • https://trollstube-meiningen.de • Mo.–Fr. Ruhetag

GUT UND GÜNSTIG

26 Bioladen und Bistro Saskia Ender Suppen, Quiche, Snacks, Kaffe und Kuchen aus zertifizierten Bio-Produkten: Das bietet der Bioladen von Saskia Ender in der Meininger Innenstadt. Zu empfehlen ist auch die gut bestückte Käsetheke und das Bio-Vollsortiment. Eduard-Fritze-Straße 7 a • Tel: 03693 8856543 • www.biola den-meiningen.de • So. Ruhetag

27 Haus des Brotes Im Laden des traditionsreichen Backhauses Nahrstedt kommt das Brot frisch aus dem Ofen. Angeboten werden verschiedene Sorten in Bio-Qualität. Täglich verschieden ist auch das Imbissangebot. Georgstraße 10 • https://nahrstedt.de/hausdesbrotes • Mo./So. Ruhetag

28 Lava Java Das Lokal ist bekannt für Pizza, Baguette, Salate und Nudelgerichte, die aus frischen Zutaten regionaler Produzenten bereitet werden. In der warmen Jahreszeit gibt es Freisitze in der Fußgängerzone. Georgstraße 18 • Tel.: 03693 87343 • www.lavajava • So. Ruhetag •

29 Café Castello Direkt neben der Tourist-Information bietet das italienische Café eine abwechslungsreiche Karte. Die große Auswahl an Kuchen, Eis, Waffeln, Crêpes, Panini und Brötchen stammt aus eigener Herstellung. Schlossplatz 3 a • Sa./So. Ruhetag

30 Syrisches Restaurant Arabesque Kichererbsen, Bohnen, Linsen und Co.: Das syrische Café und Restaurant Arabesque ist spezialisiert auf arabische Gerichte wie Falafel oder Humus. An einem Veggie-Tag wird die gesamte Vielfalt an vegetarischen orientalischen Gerichten angeboten. Es gibt auch eine große Auswahl an handgemachten Süßigkeiten. Luisenstraße 7 • Tel.: 0176 21629169 • https://arabesque-café.de • So. Ruhetag

KNEIPEN UND BARS

31 Szenekneipe Schlupfwinkel Der direkt am Wasser gelegene Schlupfwinkel ist eine Meininger Institution im Kneipenviertel der Altstadt. Hier trifft man sich vor allem, wenn Bands aufspielen oder einfach zum Schwatzen. Zu kultigen Getränken gibt es auch ein kleines Speiseangebot. Im Sommer lockt die kerzenbeleuchtete Terrasse und ein Floß auf den Bleichgräben zum Sitzen bis spät in die Nacht. An der Oberen Mauer 1 • Tel.: 01718295745 • So. Ruhetag •

32 Verlies – Die Kneipe Aus einem „Ort des Unbehagens" – der Fronveste – ist ein gemütlicher Irish Pub mit Biergarten und einem kleinen Freisitz über dem Bleichgraben geworden. Guinness und ein guter Whisky im Ambiente des ehemaligen Stadtgefängnisses oder ein zünftiges „Knastessen" sind ein Gastronomieerlebnis der etwas anderen Art. An der Oberen Mauer 3 • Tel.: 03693 478641 • Mobil: 0160 4469644 • www.fronveste-meiningen.de • So.–Mi. Ruhetag

33 Zur fröhlichen Einkehr Gemütlich-urige Atmosphäre mit Biergarten, Livemusik, Cocktails und mehr. Alstadtfeeling im Bermudadreieck. Anton-Ulrich-Straße 32 • Tel.: 0179 3237021 • www.einkehr-meiningen.de • So.–Do. Ruhetag

LEDERWAREN

EINKAUFEN

In der Meininger Innenstadt findet sich eine Vielzahl von kleinen Läden, die zu einem Bummel einladen. Geschäfte mit regionalen und Bio-Produkten, Modeboutiquen für unterschiedliche Stile und Geschmacksrichtungen, Design, Glas und Porzellan und spezielle Angebote lohnen einen Besuch. Daneben bieten verschiedene Shops auch Souvenirs und Mitbringsel aller Art.

1 Genusswelt Wein-Whisky-Schokolade In diesem Laden dreht sich alles um Genuss: Vor allem die Auswahl an hochwertigen Weinen und exquisiten Zigarren ist groß. Georgstraße 7 • Tel: 0369 38812088 • Mo.–Fr. 9–18 Uhr, Sa. 10–15 Uhr

2 Blattwerk Lasst Blumen sprechen: mit farblich abgestimmten Sträußen und Gestecken für jeden Anlass. Die Inhaberin ist Expertin für stilvolle Hochzeit- und Festdekorationen. Anton-Ulrich-Straße 39 • Tel.: 03693 501505 • www.blattwerk-ihr-blumenladen.de • Mo./Mi.–Fr. 9–18 Uhr, Di./Sa. 9–13 Uhr

3 Buchhandlung Lohmann In dieser privat geführten Buchhandlung lässt es sich bei einer Tasse Kaffee in freundlicher Atmosphäre und mit kompetenter Beratung gut stöbern und in das eine oder andere Buch schauen. Georgstraße 28 • Tel.: 036 93 84070 • www.buchhandlung-lohmann.de • Mo.–Fr. 9–18 Uhr, Sa. 9–13 Uhr

4 Däumeling und Däumelinchen Die beiden Märchenfiguren von Hans Christian Andersen sind für den Laden, der ausgesuchte Kindermode aus zweiter Hand und handgemachte Einzelstücke anbietet, Programm. Der liebevoll gestaltete Verkaufsraum bietet auch eine große Auswahl an Spielzeug. Zwingergasse 1 • www.daeumeling-meiningen.de • Mo.–Mi./Fr. 10–16 Uhr, Do. 10–18 Uhr, 1. Sa. im Monat 10–12 Uhr

5 Deco-Natura Der kleine, sehr gemütliche Laden im Zentrum der Stadt führt vor allem Deko-Artikel und Produkte aus Thüringen. Neben Keramik für Haus und Garten wird eine reiche Auswahl an Öl, Essig, Senf, Seifen und vielem mehr angeboten. Anton-Ulrich-Straße 31 • Tel.: 0175 2250555 • www.deko-natura.de • Di. 10–14 Uhr, Do./Fr. 10–17 Uhr, Sa. 10–12 Uhr

◀ Einkaufen in der Georgstraße

6 Floristik Galerie Elena Pecher Blumen, Pflanzen, Keramik, Geschenke – Elena Pecher überzeugt seit zwanzig Jahren mit Ideenreichtum und Kreativität durch ihre floristischen Meisterwerke und Gestaltungsideen. Ernestinerstraße 16 • Tel.: 03693 974114 • www.floristik-galerie.com • Mo.–Fr. 9–18 Uhr, Sa. 9–13 Uhr

7 Haus der Geschenke Es ist wahrscheinlich das älteste Geschäft in Meiningen: Den Geschenkeladen gibt es seit über 170 Jahren. Bis heute hat Familie Christ Freude daran, hochwertige Manufakturartikel wie Holzfiguren aus dem Erzgebirge, Bürgeler Keramik oder Plauener Spitze anzubieten. Wer ein Geschenk braucht, findet für jeden Anlass etwas passendes. Georgstraße 18–26 • Tel.: 03693 502633 • Mo.–Fr. 9–18 Uhr, Sa. 9–13 Uhr

8 Intersport In dem Sportgeschäft findet man alles, was man eventuell vergessen hat mitzunehmen, ob für den Wintersport, das Hallenbad oder fürs Nordic Walking. Anton-Ulrich-Straße 4 • Tel.: 03693 42839 • Mo.–Mi./Fr. 9–18 Uhr, Do. 9–19 Uhr, Sa. 9–13 Uhr

9 Lederwaren Heusinger Das traditionelle Familienunternehmen bietet seit 1919 in dritter Generation hochwertige Lederprodukte wie Damen- und Herrentaschen von deutschen und italienischen Herstellern. Große Auswahl, guter Service. Georgstraße 35 • Tel.: 03693 502536 • Mo.–Fr. 9–18 Uhr, Sa. 9.30–14 Uhr

10 Mode Express Nr. 1 Nur für Frauen: Mode gut in der Passform, orientiert an internationalen Trends, hochwertig in der Verarbeitung und zu bezahlbaren Preisen trifft hier immer wieder aktuell ein. Georgstraße 34 • Tel.: 03693 42415 • Mo.–Fr. 9.30–18 Uhr, Sa. 10–16 Uhr

11 Palajoe – Fashion und mehr Der Konzeptstore in der Innenstadt ist die Idee einer Meiningerin, deren Liebe den schönen Dingen des Lebens gilt. Neben Fashion für Frauen bietet Ramona Sauer Deko-Artikel und Wundertüten an. Viel Wert wird auf individuelle Beratung gelegt. Ludwig-Chronegk-Straße 10 • Tel.: 03693 505150 • https://palajoe.de • Mo.–Fr. 10–18 Uhr, Sa. 10–13 Uhr

12 W & M Hemdenstudio Eine besondere Adresse für Herrenoberbekleidung von trendig bis elegant ist das Hemdenstudio in der Alten Wache gegenüber von Schloss Elisabethenburg. Persönliche Beratung, eine eigene Änderungsschneiderei und ein Kundenparkplatz gehören zum Service. Schlossplatz 4 • Tel.: 03693 43544 • Mo.–Fr. 9–18 Uhr, Sa. 9–14 Uhr

► Deco-Natura, Anton-Ulrich-Straße

HIER WOHNT DAS
Glück

HOTEL

ÜBERNACHTUNG

Meiningens Hotellerie zeichnet sich durch eine Vielzahl individuell geführter Häuser mit historischem Ambiente aus. Viele Hotels von guter bis sehr guter Qualität liegen in der Innenstadt und erlauben es, ohne Auto rasch ins Theater, ins Museum, zum Werratal-Radweg oder in die Kneipenmeile zu gelangen. Ergänzt wird das Übernachtungsangebot durch Landgasthöfe in unmittelbarer Nähe der Stadt. Kompetente Hilfe bei der Buchung gibt es in der Tourist-Information (S. 115).

GEHOBEN BIS LUXURIÖS

1 Hotel Sächsischer Hof Logieren mit Stil und Tradition, 40 Zimmer mit modernem Komfort, großzügig eingerichtet, und Suiten mit gehobener Ausstattung, teils mit Antiquitäten und Bühnenbildentwürfen. Feinschmeckerrestaurant „Die Posthalterei", rustikale „Kutscherstube", 300 Meter zum Bahnhof, 100 Meter zum Theater, kostenfreier Parkplatz, Lift, kostenfreies WLAN. Georgstraße 1 • Tel.: 03693 4570 • www.saechsischerhof-meiningen.de •

KOMFORTABLE MITTELKLASSE

2 Altstadthotel Meiningen Am Rande der Altstadt und am Ufer der Werra (direkt am Radweg) gelegenes Hotel garni im gepflegten Ambiente, zentral und ruhig. 11 DZ sehr geräumig, 3 EZ, hoteleigene Parkplätze direkt am Haus, kostenfreies WLAN, persönliche Atmosphäre, Sauna, Lift. Baumbachstraße 2 • Tel.: 03693 87690 • www.altstadthotel-meiningen.de •

3 Hotel An der Kapelle 14 Einzel-, Doppel- und Dreibettzimmer im Herzen der Stadt in verkehrsberuhigter Zone, helle freundliche Zimmer in familiengeführtem Haus. Anton-Ulrich-Straße 19 • Tel.: 03693 44920 • www.hotel-an-der-kapelle.de

4 Hotel Brückenmühle (10 DZ) Familiär geführter historischer Landgasthof in der Nähe von Meiningen: Terrasse, großer Saal, traditionelle Thüringer Küche, Thüringer Klöße, kostenfreie Parkplätze. 98617 Meiningen/OT Walldorf • Brückenmühle 2 • Tel.: 03693 801004 • www.restaurant-brueckenmühle.de

5 Hotel Fronveste 39 individuell eingerichtete Zimmer im modern umgestalteten historischen Gefäng-

◄ Hotel „Fronveste"

nisgebäude in ruhiger Lage in der Altstadt, Skyline-Frühstücksraum mit Blick über die gesamte Stadt, Tagungsraum, Lift, Parkplätze, kostenfreies WLAN. An der Oberen Mauer 1–3 • Tel.: 03693 478641 • www.fronveste-meiningen.de •

6 Hotel im Kaiserpark 27 DZ und 10 EZ in unmittelbarer Nähe zum Bahnhof und 10 Gehminuten von der Innenstadt, ideal für Reisegruppen, Tagungsräume, Fahrradgarage, Lift, kostenfreies WLAN. Günter-Raphael-Straße 1 • Tel.: 03693 815700 • www.hotel-mgn.com •

7 Hotel Schlundhaus & Haus Rautenkranz 20 Rustikal und komfortabel eingerichtete EZ, DZ. Jeder Raum ist individuell eingerichtet und stilvoll gestaltet. In zwei benachbarten historischen Häusern wie dem Palais am Prinzenberg befinden sich zudem Appartements. Kostenpflichtige Parkplätze gibt es in der hoteleigenen Tiefgarage. Kostenloses WLAN. Schlundgasse 4 • Tel.: 03693 88190 • www.meininger-hotels-mit-flair.de

8 Pension Henneberger Haus Rustikal eingerichtet sind 3 DZ, 1 Erkerzimmer und das Appartement im historischen Haus direkt am Stadteingang und der Fußgängerzone. Das Theater befindet sich in Sichtnähe und der leicht knarrende Dielenboden hat so manchen der berühmten Gastkünstler getragen. Kostenfreies WLAN. Georgstraße 2 • Tel.: 03693 508990 • www.hennebergerhaus.de •

9 Pension Villa Colosseo Im Zentrum von Meiningen gelegen, 12 DZ (auch als EZ buchbar) und 2 EZ, mit Bar und Gemeinschaftslounge, kostenfreie Parkplätze und WLAN. Ernesteriner Straße 24 • Tel.: 03693 476048 • www.hotel-villa-colosseo.de

PREISWERT

10 Hotel Wolke Familiengeführtes Hotel in ruhiger Lage und unmittelbarer Nähe des Dampflokwerkes, Mehrbett-, Doppel- und Einzelzimmer, 10 min vom Stadtzentrum und 7 min vom Theater entfernt, kostenfreie Parkplätze. Goethestraße 18 • Tel.: 03693 886337 • www.hotel-wolke-meiningen.de

DAS BESONDERE

11 Ferienwohnung in der Druckerei Außergewöhnlich, liebevoll eingerichtete Ferienwohnung in einem restaurierten Druckereigebäude in der Innenstadt für bis zu sieben Personen (140 qm). Familie Resch • Klostergasse 2 • Tel.: 03693 502269 • www.druckerei-resch.de

CARAVAN UND CAMPING

12 Campingplatz Rohrer Stirn Bereits der Ausblick auf die Stadt macht diesen Campingplatz zu einer Empfehlung. Die Lage in unmittelbarer Nähe zur Gaststätte, zum Freibad, zum Hallenbad und zur Sauna sowie die 4-Sterne-Ausstattung sind weitere gute Gründe für Camping- und Caravanfreunde, hier Station zu machen. Rohrer Stirn • Tel.: 03693 484421 • www.stadtwerke-meiningen.de • Saison Apr.–Okt.

Altstadthotel an der Werra

IN DER UMGEBUNG

13 Hotel Burg Maienluft Hoch über dem Werratal und dem Städtchen Wasungen liegt die Burg Maienluft. Historisches Gemäuer (erste urkundliche Erwähnung 1190), 8 individuell gestaltete Zimmer, Terrasse mit Blick über das Werratal, moderner Komfort, gutbürgerliche Küche und regionale Spezialitäten, Tagungsraum, kostenfreie Parkplätze. 98634 Wasungen • Maienluft 1 • Tel.: 036941 7840 • www.burg-maienluft.de

14 Hotel Fasold Acht Kilometer von Meiningen entfernt, am Radweg gelegen: 17 DZ zum Teil mit Balkon, die auch als EZ angeboten werden, Tagungsraum, Kegelbahn, Restaurant mit bürgerlicher Küche, Biergarten und Grillmöglichkeiten, kostenfreies WLAN, kostenfreie Parkplätze. 98617 Sülzfeld • Ringstraße 2 • Tel.: 036945 5910 • www.hotelfasold.de

15 Hotel und Scheunencafé Der Distelhof 8 EZ, 17 DZ und eine Suite in einem Fachwerkhaus mitten im Grünen zwischen Rennsteig und Rhön. Nach Meiningen sind es nur 10 km. Idealer Ausgangspunkt für Urlaub mit Natur und Kultur. Halbpension auf Vorbestellung. 98530 Dillstädt • Dorfstraße 3 • Tel.: 036846 343878 • www.der-distelhof.de

16 Hotel Zum Kloster Umrahmt vom Ambiente des ehemaligen Benediktinerklosters Rohr 11 km von Meiningen entfernt: 26 DZ, 5 EZ sowie Mehrbettzimmer, Restaurant mit rustikalem Charme, regionale Küche, 6-Bahnen-Bowlingbahn. 98530 Rohr • Kloster 7 • Tel.: 036844 44890 • www.hotel-zum-kloster.de

THEATER
MUSEUM
Meininger
Museen
Kulturstiftung
Meiningen
Reithalle

KULTUR UND FREIZEIT

Tausend Theaterplätze, tausend Veranstaltungen pro Jahr – Meiningen kann nicht nur eine reiche Kulturgeschichte vorweisen, sondern ist auch heute kulturelles Zentrum der Region. Theater, Literatur und Poetry Slam, Kunst und Konzerte aller Art – die Stadt offeriert ein dichtes und inspirierendes Veranstaltungsprogramm.

MUSEEN UND SAMMLUNGEN

1 Schloss Elisabethenburg Wer Schloss Elisabethenburg besucht, sollte genügend Zeit mitbringen. Rund 50 Ausstellungsräume vermitteln nicht nur ein umfassendes Bild der Lebensverhältnisse der herzoglichen Familie mit originaler Ausstattung über mehrere Jahrhunderte. Vielmehr wird auch die Sammlungstätigkeit kunstsinniger Herzöge präsentiert. Herzog Bernhard I. legte mit dem Erwerb großformatiger Tapisserien aus der Brüsseler Werkstatt von Marcus de Vos den Grundstock für repräsentative Dekorationen. Auf seinen Sohn, den kunstsinnigen Herzog Anton Ulrich, geht die Sammlung niederländischer und flämischer Malerei zurück. Vertreten sind auch etliche herausragende Gemälde deutscher Künstler des 18.–20. Jh.s wie Johann Christian Reinhardt, Friedrich Bury, Arthur Fitger oder Franz von Lenbach sowie Porträts der herzoglichen Familie von den Hofmalern Gottlieb Friedrich und Johann Phillipp Bach, Carl Wagner und Samuel Diez. Zwei Räume erinnern an Prinzessin Adelheid, die spätere Queen Adelaide. Mit der Musik- und Theatergeschichte wird in der oberen Etage das wohl bedeutendste Kapitel des Meininger Musenhofes ganz sinnlich vorgestellt. Bemerkenswert ist die Sammlung mittelalterlicher Tafelmalerei, Schnitz- und Steinplastik, besonders auch die Beckenschlägerschüsseln aus Nürnberg. Rundgang in deutscher und englischer Sprache, Fahrstuhl. Schlossplatz 1 • Tel.: 03693 881010 • www.meiningermuseen.de • Apr.–Sep. Di.–So. 10–18 Uhr • Okt.–März Di.–So. 11–17 Uhr • Museumsbibliothek: Fr. 10–16.30 Uhr nach Anmeldung (Tel.: 03693 471290) • Museumscafé: Mo./Fr. Ruhetag •

◄Theatermuseum

2 Theatermuseum Zauberwelt der Kulisse In der unmittelbaren Nachbarschaft von Schloss Elisabethenburg wurde im Jahr 2000 das Theatermuseum als drittes Haus der Meininger Museen eröffnet. Die ehemalige Reithalle beherbergt eine einzigartig komplette Sammlung historischer Bühnendekorationen aus

Dampflokwerk

dem späten 19. Jh. Hier erfährt man, warum Meiningen einen ganz besonderen Platz in der europäischen Theatergeschichte einnimmt, was die damalige herzogliche Hofschauspielertruppe berühmt gemacht hat und warum ihre Inszenierungen so einzigartig waren, dass sie nachgeahmt wurden. Jeweils ein komplettes originales Bühnenbild der „Meininger" steht im Mittelpunkt der einstündigen Präsentation. Mit einem Film und dem musikalisch begleiteten Lichtprogramm wird der Besucher auf die Gastspielreisen der „Meininger" im späten 19. Jh. mitgenommen. Er darf dabei Platz nehmen wie im echten Theater. Schlossplatz 2 • Tel.: 03693 471290 • www.meiningermuseen.de • Präsentationen: Apr.–Sep. Di.–So. 10/12/14/16 Uhr, Okt.–März Di.–So. 12/14/16 Uhr •

3 Baumbachhaus, Literaturmuseum Weltschmerz, Gänsefüßchen und Schmutzfink – diese Worte sind Schöpfungen des Dichters Jean Paul, der fast zwei Jahre in Meiningen lebte. Der künstlerisch ambitionierte Georg I. wollte ihn in Meiningen halten und die Stadt nach dem Vorbild Weimars zu einem Ort der Dichter profilieren. Meiningens Verbindung zu Friedrich Schiller ist der Stadt eher zugefallen. Für Märchendichter Ludwig Bechstein und für Rudolf Baumbach, von dem der Text „Hoch auf dem gelben Wagen" stammt, war Meiningen Heimat. Diesen und weiteren regional bedeutsamen Poeten ist die Ausstellung im ehemaligen Wohnhaus von Baumbach gewidmet. In teilweise noch erhaltener originaler Ausstattung befinden sich neben persönlichen Gegenständen des Dichters zahlreiche bibliophile Kostbarkeiten. Baumbach gehörte zu den Modedichtern der Wilhelminischen Zeit. Die Meininger verbinden mit seinem Namen vor allem die Legende von der Erfindung des Kartoffelkloßes durch Frau Holle. Baumbach reimte das „Lied vom Hütes" während seiner Zeit als Hauslehrer in Triest aus Heimweh. Burggasse 22 • Tel.: 03693 502848 • www.meiningermuseen.de • Apr.–Sept. Di.–Fr. 10–13/14–18 Uhr, Okt.–März. Di.–Fr. 11–13/14–17 Uhr

4 Goetz-Höhle Über gut ausgebaute Wege und rund 170 Treppenstufen werden verschieden hohe Spalten besichtigt. In der Höhle herrscht eine gleichbleibende Temperatur von 8 Grad. Deshalb empfiehlt sich eine warme Jacke. Der Rundgang beginnt am Berggasthaus „Zur Spalte", wo sich auch die Kasse befindet. Am Dietrich 2 • Tel: 0152 53219508 • www.goetzhoehle.com • Do./Fr. 16–22 Uhr, Sa. 11–23 Uhr, So. 11–19 Uhr • Führungen nach Anmeldung möglich

5 Dampflokwerk Für Pufferküsser und Neugierige gibt es im Meininger Dampflokwerk Werksführungen, bei denen die Besucher u. a. die Lokhalle mit den im Werk befindlichen Lokomotiven und Waggons, das Anheizhaus sowie die Kesselschmiede besichtigen können. 2024 eröffnet die Dampflokerlebniswelt auf dem Gelände des Dampflokwerkes. Am Flutgraben 2 • Tel.: 03693 851602 • www.dampflokwerk.de • Apr.–Okt. Sa. 10 Uhr, Nov.–März jeden 1. und 3. Sa. 10 Uhr • Treffpunkt am Haupteingang, Dauer: ca. 90 min. • Dampflokerlebniswelt: www.dew-meiningen.de

THEATER

6 Staatstheater Meiningen „Dem Volke zur Freude und Erhebung" – dieser Leitspruch des Theaterherzogs steht seit 1909 am Giebel des Meininger Theaters. Im abgebrannten Vorgängerbau ließ Georg II. von Sachsen-Meiningen naturalistische Inszenierungen von seiner Schauspieltruppe einstudieren. Von 1874 bis 1890 sorgten sie auf vielen Bühnen Europas immer wieder für Furore. In diesen Musterinszenierungen der „Meininger" wurde auf detailgetreue historische Ausstattung Wert gelegt. Gleichzeitig waren die Aufführungen als Gesamtkunstwerk aus dramaturgischen, dekorativen und schauspielerischen Elementen konzipiert. Unter Hans von Bülow stieg das hauseigene Orchester, die Meininger Hofkapelle, im 19. Jh. zu einem der gefragtesten Klangkörper Europas auf. Auch andere berühmte Musiker, darunter Johannes Brahms, Richard Strauss und Max Reger standen am Dirigentenpult. Das Meininger Theater konnte seinen guten Ruf über Generationen halten und namhafte Regisseure, Schauspieler, Dirigenten, Musiker und Sänger anziehen. Weltweit bekannte Künstler wie Kirill Petrenko, Klaus-Maria Brandauer und Philipp Stölzl haben hier gearbeitet. 2001 hat Christine Mielitz mit ihrer herausragende Inszenierung von Wagners „Ring des Nibelungen" und dessen erstmalig kompletter Aufführung an vier aufeinander folgenden Tagen international für Aufsehen gesorgt. Mit 730 Plätzen gehört das Staatstheater Meiningen zu den großen Häusern in Thüringen. Oper, Operette, Schauspiel, Musical, Puppentheater, Tanz, und die stets ausgebuchten Konzerte der Meininger Hofkapelle erfreuen das regionale und überregionale Publikum. Theater in Meiningen ist immer wieder ein Reiseanlass. Bernhardstraße 5 • Bühne Junges Staatstheater: Ernestinerstraße 40 (ehemalige Kleinkunstbühne Rautenkranz) • Tel.: 03693 451222 • www.staatstheater-meiningen.de • Kassenöffnungszeiten: Mo. 8–16 Uhr, Di.–Fr. 8–18 Uhr, Sa. 10–12 Uhr • Abendkasse 1 h vor Vorstellung • Theaterführungen: Anmeldung unter Tel.: 0172 7926723 •

7 Kammerspiele Die Spielstätte des Meininger Theaters wurde 2008 an diesem Ort eröffnet. Seitdem sind

Freibad „Roher Stirn"

hier Stücke der kleinen Form zu sehen. Zum Greifen nah sind Zuschauer und Bühnenkünstler an den Vorstellungsabenden verbunden. Ob Tanz, Schauspiel oder Kammeroper – die Kammerspiele sind der Ort für unkonventionelle Theatererlebnisse. Mit der „Städtischen galerie ada" durch ein Foyer verbunden, ergibt sich hier ein idealer Raum für künstlerische Formate zwischen Theater, Performance, Bildender Kunst und Literatur. Bernhardstraße 3 • www.staatstheater-meiningen.de •

KUNST

8 Städtische galerie ada Kunst ist Leben – so lautet das Motto der Städtischen Galerie. Vorgestellt werden zeitgenössische Künstler aus der Region, aber auch nationale und internationale Künstlerpersönlichkeiten. Zur Präsentation umfangreicher Werkschauen und temporärer Schwerpunkte stehen großzügige Räumlichkeiten zur Verfügung. Auch junge Künstler werden eingeladen, ihre Arbeiten vorzustellen. In kuratierten Einzel- und Gruppenausstellungen sind neben Malerei und grafischen Positionen auch Skulptur und mediale Kunst vertreten. Ein Schwerpunkt der Kunstpräsentation ist seit der Gründung der Galerie im Jahr 1990 die figürliche Malerei, zu deren starker ostdeutscher Ausprägung sie sich immer wieder bekennt. Bernhardstraße 3 • www.meiningen.de/galerie-ada • Mi.–So./feiertags 14–19.30 Uhr •

9 Kunsthaus/Zwinger 4
ENTDECKER-TIPP

Nachdem der Kunstverein NEKST bereits die Gebäude des alten Männer- und Frauengefängnisses Fronveste als Domizil für ein Kunsthaus in Besitz genommen hatte, zogen die Akteure nach dem Verkauf der Immobilie in das Fachwerkhaus Alte Posthalterei mitten in der Stadt. Das geschichtsträchtige Haus entwickelte sich zu einer Plattform moderner und alternativer Kunst mit Ateliers für Künstler der Region, Ausstellungen, Performances, Konzerten, Lesungen und Gesprächsrunden. Wegen baulicher Mängel musste der Kunstverein den Standort verlassen. In den neuen Galerieräumen in der Zwingergasse werden Positionen zeitgenössischer Künstler präsentiert und Ausstellungsgespräche und Begleitprogramme angeboten. Zwingergasse 4 • Tel.: 0176 66368304 • www.nekst kunsthaus.de

KINO

10 Casino Lichtspiele Das Kino verfügt über 450 Kinoplätze in sechs Sälen und befindet sich im historischen Gebäude der früheren Meininger Casino-Gesellschaft. Am Donnerstagabend und am Sonntagabend laufen Programmkinoproduktionen im Kino extra. Montags und dienstags ermäßigte Eintrittspreise. Wettiner Straße 1 b • Tel.: 03693 506880 • www.kino-meiningen.de

LESEN

11 Stadt-und Kreisbibliothek Anna Seghers Spannende Bücher für Leseratten, aber auch neue Medien wie DVDs, CDs, Hörbücher, Sprachkurse und mehr. Es gibt eine Kinderbibliothek zum Entdecken und Wohlfühlen. Für Menschen mit Behinderung steht ein Treppenlift zur Verfügung. 2010 wurde die Bibliothek mit dem „Thüringer Bibliothekspreis" ausgezeichnet. Ernestiner Straße 38 • Tel.: 03693 502959 • https://bibliothek.meiningen.de • Mo./Do./Fr. 13–18 Uhr, Di./Mi. 10–18 Uhr •

SCHWIMMEN

12 Freizeitzentrum Rohrer Stirn Die exponierte Lage der Meininger Bäder hoch über der Stadt macht das Badevergnügen vor allem im Sommer zu einem besonderen Erlebnis. Das beheizte Freibad mit 50-m-Bahnen, großzügig angelegten Liegewiesen, Piratenspielplatz, Beachvolleyballplatz und der FKK-Bereich ermöglichen Badespaß auch an nicht ganz so heißen Tagen. Das Hallenbad bietet ein 25-m-Becken, ein Nichtschwimmerbecken mit Wasserrutsche und ein Babyplanschbecken. Die Sauna mit Erdsauna und attraktivem Außenbereich lädt zum Entspannen ein. Das Restaurant lohnt den Besuch schon des Blickes wegen: die ganze Stadt ist einsehbar. Rohrer Stirn • Tel.: 03693 484400 • www.stadtwerke-meiningen.de • Freibad (Mai-September) und Hallenbad Mo.–Fr. 11–21 Uhr, Sa./So. 10–20 Uhr, zusätzl. Di. 6–8.30 Uhr •

INFORMATIONS-ABC

ANREISE

Mit dem Auto Meiningen ist durch die Autobahn A 71 Sömmerda/ Würzburg überregional gut auch an die Ost-West-Verbindung A4 Dresden–Frankfurt/Main angebunden. Meiningen liegt an der Bundesstraße B 19.

Mit der Bahn Vom Bahnhof unweit des Stadtzentrums am Rande des Englischen Gartens verkehrt die Südthüringenbahn im Stundentakt in Richtung Eisenach, Suhl/Erfurt, Schweinfurt und Eisfeld/Sonneberg.

Mit dem Flugzeug Die nächsten Flughäfen befinden sich in Erfurt (100 km), Nürnberg (180 km) und Frankfurt am Main (200 km).

Fernbus Der Fernbus in verschiedene Richtungen, darunter nach Hamburg, Leipzig und Berlin, verkehrt von Suhl bzw. Zella-Mehlis aus. www.meinfernbus.de

Flixbus Der verkehrt von Zella-Mehlis, Suhl und Oberhof in verschiedene Richtungen. www.flixbus.de/fernbus/zella-mehlis-suhl-oberhof.

BARRIEREFREIHEIT

Dieser Reiseführer weist durch seine Symbole auf einen barrierefreien Zugang hin. Genaue Informationen für mobilitätseingeschränkte, sehbehinderte und gehörlose Menschen sind über den Behindertenbeirat der Stadt unter behindertenbeirat-meiningen@web.de erhältlich.

> **BARRIEREFREIHEIT**
>
> Gehbehinderte Menschen
>
> Rollstuhlfahrer
>
> Familien

E-LADESTATIONEN

Parkplatz Klostergasse, Lindenallee, Utendorfer Straße, Mittlerer Rasen, Stadtzentrum/Neu-Ulmer-Straße, Bernhardstraße, Olbertshäuser Platz, Berhardstraße am Großen Palais, Freizeitzentrum „Rohrer Stirn" • www.stadtwerke-meiningen.de

GOTTESDIENSTE

Evangelische Stadtkirche Marktplatz • So. 10 Uhr

Katholische Kirche St. Marien Mauergasse 22 a • So. 10.15 Uhr

Evangelisch-Freikirchliche Gemeinde (Baptisten) Bethel-Kapelle • Kasernenstraße 5 • So. 10 Uhr

Landeskirchliche Gemeinschaft Schöne Aussicht 5 • So. 14.30 Uhr

INFORMATION

Tourist-Information Fachkundige Beratung für den Aufenthalt in und um Meiningen, Zimmervermittlung, Ticketverkauf, Stadt- und Wanderführungen, E-Bike-Ladesäule. Ernestinerstraße 2 • Tel.: 03693 44650 • www.meiningen.de • Apr.–Sep. Mo.–Fr. 10–18 Uhr, Sa. 9–14 Uhr, Okt.–März Mo.–Fr. 10–17 Uhr, Sa. 9–14 Uhr

MOBILITÄT

Bahnhof Der Bahnhof von Meiningen ist für den Bahnverkehr in Südthüringen ein wichtiger Knotenpunkt. Der Bahnhofsvorplatz bietet Parkplätze, die auch für Menschen mit Handicap nutzbar sind, sowie Fahrradstellplätze. Lindenallee 1 •

Busbahnhof Vom Busbahnhof direkt am Bahnhof verkehren neben der Stadtlinie Meiningen zahlreiche Linien in die Ortschaften im Landkreis Schmalkalden-Meiningen. Hier befindet sich auch die Einsatzleitung der Meininger Busbetriebe, die gern Auskunft erteilt. Lindenallee • Tel.: 03693 84540 • www.mbb-mgn.de •

Parken Parkplatz Großmutterwiesen, Werrastraße (200 Plätze, kostenfrei, 5 Gehminuten zum Zentrum) • Parkplatz Volkshausplatz, Landsberger Straße (200 Plätze, kostenfrei, 7 Gehminuten zum Zentrum) • Parkhaus Zentrum Ost, Neu-Ulmer-Straße (320 Plätze, 2 Gehminuten zum Zentrum) • Parkplatz Zentrum West, Am Mittleren Rasen (170 Plätze, 2 Gehminuten zum Zentrum) • Parkplatz Klostergasse im Zentrum (33 Plätze), Parken in der Lindenallee (130 Plätze, Nähe zum Bahnhof, 7 Gehminuten zum Zentrum) • Parken in der Charlottenstraße (75 Plätze, 12 Gehminuten zum Zentrum • Ausgewiesene Behindertenparkplätze: Am Schlossplatz, Klostergasse, Wettiner Straße • Ausgewiesene Busparkplätze: Schlossplatz 3 • Parkplatz Volkshaus 3

Blick auf den Marktplatz

Taxi Tel.: 03693 502929 • Tel.: 03693 47470 • Tel.: 03693 502050 • Tel.: 03693 881880

ZEITUNG

Meininger Tageblatt Die Zeitung informiert täglich über aktuelles Stadtgeschehen und wichtige Termine. Tel.: 03693 440331 • www.insuedthueringen.de/region/meiningen

Veranstaltungskalender Der städtische Veranstaltungskalender ist unter www.meiningen.de jederzeit abrufbar.

REGISTER

ORTSREGISTER

Alte Posthalterei ▶ Kunsthaus
Altenstein, Landschaftspark S. 69, 86–87
Altstadthotel Meiningen S. 105
An der Kapelle, Hotel S. 105
Aschenhausen, Synagoge S. 85
Bad Liebenstein S. 86–87
Bauerbach S. 25, 68, 69, 75–76, 95–96
Baumbachhaus ▶ Literaturmuseum
Bayreuth S. 12–13
Bechsteinbrunnen S. 35, 36–37
Bibra S. 22, 85–86
Bibrabau S. 22
Bleichgräben S. 59–61
Bogenbrücke S. 27, 28
Brotterode S. 16
Büchnersches Haus S. 48, 49, 67
Brückenmühle, Landgasthof S. 105
Burg Maienluft, Hotel und Restaurant S. 69, 79–80, 107
Café Neumann S. 97
Caravan- und Campingplatz Rohrer Stirn S. 106
Charlottenhaus, Berggasthof S. 69, 81, 93
Coburg S. 13, 44
Dampflokwerk S. 4, 9, 69, 74–75, 111
Dermbach S. 17
Distelhof, Landgasthof S. 69, 107
Dolmar S. 17, 69, 77, 80–81, 93
Eisenach S. 16, 72
Englischer Garten S. 7, 9, 18, 19, 27, 34–39
Ernestiner Hof mit Kavaliershaus S. 44–45
Fasanerie, Jagdschloss, Restaurant S. 96
Fasold, Landgasthof S. 107
Freizeitzentrum Rohrer Stirn S. 113
Fronveste, Hotel S. 59, 105–106
galerie ada, Städtische S. 4, 18, 19, 30–31, 58, 112
Gänsemännchenbrunnen S. 40–41
Gedenkstätte am Platz der ehem. Synagoge S. 62
Goldener Zwinger, Restaurant S. 93
Goetz-Höhle S. 5, 17, 69, 72, 111
Großes Palais S. 29–30, 35, 37, 39, 40
Gruftkapelle S. 35, 37–38
Gymnasium Bernhardinum ▶ Volkshochschule
Hans-von-Bülow-Denkmal S. 13, 31
Hartungsches Haus S. 58
Heinrichsbrunnen S. 55, 56
Henneberg, Burgruine S. 76–77
Henneberger Haus, Restaurant S. 19, 41–42, 94
Herrenberg, Waldpark S. 28
Hildburghausen S. 17
Hohe Geba S. 17, 81–82
Inselsberg S. 16
Im Kaiserpark, Hotel S. 106
Jean-Paul-Denkmal S. 35
Johannes-Brahms-Denkmal S. 35–36
Johanniterburg Kühndorf S. 69, 77–78
Kammerspiele S. 18, 30, 31, 111–112
Kapellenbrunnen S. 63–64
Karolingische Hallenkrypta ▶ Michaeliskirche Rohr
Katholische Kirche St. Marien S. 49, 62–63, 114
Kino Casino-Lichtspiele S. 113

Kleines Palais S. 39–40
Kunsthaus S. 5, 18, 46–47, 112–113
La Voglia, Gelateria und Pizzeria S. 98
Literaturmuseum S. 5, 15, 18, 47, 110
Marktplatz S. 48, 55–56
Marstall S. 26
Max-Reger-Denkmal S. 35
Meininger Museen ► Schloss Elisabethenburg
Meininger Theater S. 4, 8, 9, 10–11, 13, 18, 19, 31–33, 111
Meeresaquarium Zella-Mehlis S. 83
Michaeliskirche Rohr S. 5, 69, 75
Museumscafé S. 19, 98
Nonnenhof S. 56–57
Obere Mühle S. 61
Oberhof S. 7, 16, 87
Ostheim S. 84–85
Parkfriedhof S. 15, 37, 64
Ratsstube, Restaurant S. 53, 56, 94
Rautenkranz, Hotel S. 49, 106
Rennsteig S. 7, 16, 87
Rennsteiggarten S. 87
Rhön S. 7, 16, 17, 80–82
Rhön-Rennsteig-Sparkasse S. 33–34
Sächsischer Hof, Romantikhotel S. 19, 28, 33, 39, 40, 41, 93, 96, 105
Schillermuseum S. 69, 75–76
Schloss Elisabethenburg S. 4, 9, 12, 15, 18, 19, 22–26, 89, 94, 98, 109
Schloss Landsberg S. 17, 72
Schloss Wilhelmsburg, Schmalkalden S. 82–83
Schlosskirche S. 4, 22, 25
Schlosspark S. 18, 27–28
Schloss-Stuben, Restaurant S. 25, 94
Schlundhaus, Restaurant und Hotel S. 49, 64–67, 106
Schlupfwinkel, Szenekneipe S. 49, 61, 99
Schmalkalden S. 16, 82–83
Schwanenbrunnen S. 39
Sandstein- und Märchenhöhle Walldorf S. 78–79
Stadt- und Kreisbibliothek Anna Seghers S. 67, 113
Stadtkirche Unsrer lieben Frauen S. 7, 9, 49, 53–55, 114
Steinernes Haus S. 61–62
Strupp'sche Villa S. 28–29
Theatermuseum Zauberwelt der Kulisse S. 4, 8, 11, 18, 19, 43–44, 109–110
Thüringer Wald S. 7, 16–17, 80, 83, 87
Töpfemarkt S. 57–58
Untermaßfeld S. 76
Viba Nougat-Welt, Schmalkalden S. 83
Villa Carlotta (Haus am Schwabenberg) S. 58
Villa Colosseo, Restaurant S. 96, 106
Waffenmuseum Suhl S. 83–84
Wasungen S. 46, 69, 79–80, 107
Weimar S. 12–13
Werra S. 7, 17, 27, 59, 75, 80, 89
Wolke, Hotel S. 106
Zum braunen Roß, Gasthaus S. 69, 94–95
Zum Hirsch, Haus S. 64
Zum Kloster, Hotel S. 107
Zwinger 4 (Kunstverein NEKST) S. 5, 18, 47, 112–113

PERSONENREGISTER

Adelheid, Prinzessin von Sachsen-Meiningen, Königin von Großbritannien und Irland (1792–1849) S. 25, 72, 109
Anton Ulrich, Herzog von Sachsen Meiningen (1687–1763) S. 12, 46, 89, 109
Bach, Gottlieb Friedrich 1714–1785) S. 109
Bach, Johann Ludwig (1677–1731) S. 12, 25
Bach, Johann Phillipp (1752–1846) S. 109
Bach, Johann Sebastian (1685–1750) S. 12, 25, 33
Baumbach, Rudolf (1840–1905) S. 5, 37, 47, 65, 110

Bechstein, Ludwig (1801–1866) S. 6, 14, 15, 36, 37, 78, 110
Behlert, Karl (1870–1946) S. 29, 33, 37
Bernhard I., Herzog von Sachsen-Meiningen (1649–1706) S. 22, 109
Bernhard II., Erich Freund, Herzog von Sachsen-Meiningen (1800–1882) S. 15, 29, 37, 39, 42, 72, 89
Bernhard III., Herzog von Sachsen-Meiningen (1851–1928) S. 22, 29, 90
Bibra, Lorenz von (1459–1519) S. 22
Bury, Friedrich (1763–1823) S. 109
Brahms, Johannes (1833–1897) S. 6, 22, 28, 33, 35, 36, 40, 45, 86, 111
Charlotte von Preußen, Herzogin von Sachsen-Meiningen (1860–1919) S. 58, 95
Charlotte Amalie, Herzogin von Sachsen-Meiningen (1730–1801) S. 89
Chronegk Ludwig (1837–1891) S. 37
Diez, Samuel (1803–1873) S. 109
Döbner, Erwin Theodor (1839–1892) S. 37
Ehinger, Johann Michael S. 22, 25
Ernst von Sachsen-Meiningen (1859–1941) S. 33
Fitger, Arthur (1840–1909) S. 109
Franz, Ellen (1839–1923) S. 10, 37
Friedrich III., Herzog von Sachsen-Gotha (1676–1732) S. 46
Fritze, Eduard (1849–1926) S. 34, 39, 41, 64, 67
Georg I., Herzog von Sachsen-Meiningen (1761–1803) S. 13, 34, 35, 89, 94, 110
Georg II., Herzog von Sachsen-Meiningen (1826–1914) S. 6, 10, 11, 13, 31, 33, 35, 37, 43, 55, 58, 72, 89, 111
Goethe, Johann Wolfgang von (1749–1832) S. 33, 64
Grube, Max (1859–1934) S. 37
Grüger, Christof (1926–2014) S. 63
Heinrich II., deutscher König und römisch-deutscher Kaiser (937–1024) S. 53, 55, 88
Hildebrand, Adolf von (1847–1921) S. 22, 36, 37
Helene, Freifrau von Heldburg ▶ Franz, Ellen
Hoppe, Otto (1829–1891) S. 53
Joachim, Joseph (1831–1907) S. 36
Karl Eugen, Herzog von Württemberg (1728–1793) S. 75
Labendorf, Pankraz (1492–1563) S. 40
Lenbach, Franz von (1836–1904) S. 109
Lenné, Peter Joseph (1789–1866) S. 27, 86
Liszt, Franz (1811–1886) S. 12, 28, 39
Ludwig der Bayer (1282 oder 1286–1347) S. 88
Luise Eleonore von Sachsen-Meiningen (1763–1837) S. 29
Mauersberger, Erhard (1903–1982) S. 54
Mielitz, Christine (geb. 1949) S. 11, 111
Mühlfeld, Richard (1856–1907) S. 45
Müller, Ferdinand (1809–1881) S. 26, 58
Ostheim, Bernhard Marschalk (1532–1604) S. 79
Otto II., römisch-deutscher Kaiser (955–983) S. 88
Otto III. römisch-deutscher Kaiser (980–1002) S. 75
Paul, Jean (1763–1825) S. 5, 12, 13, 35, 110
Precht, Susanne (geb. 1960) S. 67
Pückler-Muskau, Hermann (1785–1871) S. 86
Reinhardt, Johann Christian (1761–1847) S. 109
Reinwald, Christophine (1757–1847) S. 37, 64
Reinwald, Friedrich Wilhelm Herrmann (1737–1815) S. 64
Reger, Max (1873–1916) S. 6, 33, 35, 39, 54, 55, 111
Riemenschneider, Tilman (1460–1531) S. 86
Rommel, Gerhard (1934–2014) S. 27
Schiller, Friedrich (1759–1805) S. 5, 6, 12, 28, 33, 37, 44, 64, 68, 69, 75, 76, 94, 95, 110

Schwanthaler, Ludwig von (1802–1848) S. 35
Schwind, Moritz von (1804–1871) S. 72
Seghers, Anna (1900–1983) S. 67
Shakespeare, William (1564–1616) S. 44
Steinbach, Fritz (1855–1916) S. 36
Steuerlein, Johann (1546–1613) S. 47
Stoß, Veit (1447–1533) S. 55
Stötzer, Werner (1931–2010) S. 27, 31
Streicher, Andreas (1761–1833) S. 75
Strupp, Gustav (1851–1918) S. 28, 37
Stüler, Friedrich August (1800–1865) S. 26
Theophanu, römisch-deutsche Kaiserin (um 960–991) S. 5, 75
Wagner, Carl (1796–1867) S. 109
Wagner, Richard (1813–1888) S. 11, 12, 13, 28, 39, 111
Weitsch, Eduard (1883–1955) S. 42
Wilhelm II., König von Preußen (1859–1941) S. 22
Wilhelm IV., Landgraf von Hessen (1532–1592) S. 82
Wolzogen, Henriette von (1745–1788) S. 75, 76
Wurzer, Erich (1913–1986) S. 28

ABBILDUNGSNACHWEIS

Alle Fotografien von Foto-Ed, Meiningen, außer:

S. 1, 4 (2. v. o.), 12, 18, 34: goodmorningworld

S. 4 (4. v. o.), S. 110: Dampflokwerk Meiningen (Fotos: Udo Steinwasser)

S. S. 5 (1. v. o.), 11, 13, 24, 43, 46, 47: Meininger Museen (Fotos: Manfred Koch)

S. 5 (2. u. 4. v. o.) 6, 17, 23, 55: Meiningen GmbH

S. 30, 53, 63, 64, 65, 95, 98, 100, 103, 115: Henning Kreitel

S. 31: Das Meininger Theater – Südthüringisches Staatstheater

S. 68, 77, 80: oliverhlavatyphotographie

S. 79: Sandsteinhöhle Hartung GbR

S. 81, 82, 87, 92: fotolia (Fotos: Henry Czauderna)

S. 84: Wikimedia Commons (Foto: Steffen Löwe)

S. 85: Wikimedia Commons (Foto: Rainer Lippert)

S. 86: fotolia (Foto: alephnull)

S. 88: Wikimedia Commons (Scan einer Ansichtskarte, gemeinfrei)

BILDLEGENDEN

S. 1: Blick über Meiningen mit Stadtkirche

S. 6: Einkaufsbummel in der Georgstraße

S. 10: Theatersaal, obere Ränge

S. 12: Schloss Elisabethenburg

S. 16: Stadt- und Kreisbibliothek „Anna Seghers"

S. 16: Wanderung zum Dolmar

S. 18: Blick auf das Staatstheater

S. 48: Stadtkirche auf dem Markt

S. 68: Burgruine Henneberg

S. 88: Meininger Rathaus um 1900

Umschlagabbildung vorn: Staatstheater Meiningen

DIE AUTORINNEN

Dana Kern (gest. 2019) hat Theaterwissenschaften und Philosophie studiert. Sie war zwanzig Jahre Kulturreferentin der Stadt Meiningen. Die Kunsthistorikerin **Doris Weilandt** ist freiberuflich als Kuratorin, Autorin und Journalistin für Printmedien tätig.

DANKESCHÖN

Die Autorinnen und der Verlag bedanken sich bei allen, die durch ihre Anregungen und Hinweise zum Gelingen dieses Reiseführers beigetragen haben. Ein besonderer Dank gilt den Personen und Institutionen, die uns freundlicherweise Abbildungen zur Verfügung stellten.

Der Verlag und die Autorinnen freuen sich über Ihre Hinweise:
info@mitteldeutscherverlag.de

Redaktionsschluss: März 2024

Karten: Kartographisches Büro Margot Engel (www.karten-graf.de)

2., aktualisierte Auflage, 2024

www.mitteldeutscherverlag.de

Gesamtherstellung: Mitteldeutscher Verlag, Halle (Saale)

ISBN 978-3-96311-868-5

Printed in the EU